本书获武汉大学金融研究中心资助

武汉大学金融学博士文库

解读后货币经济

An Exploration of Post-monetary Economy

■ 江晴 著

武汉大学出版社

图书在版编目(CIP)数据

解读后货币经济/江晴著. —武汉：武汉大学出版社，2005.10
武汉大学金融学博士文库
 ISBN 7-307-04814-0

Ⅰ.解… Ⅱ.江… Ⅲ.货币和银行经济学 Ⅳ.F820

中国版本图书馆 CIP 数据核字(2005)第 124802 号

| 责任编辑:沈建英 | 责任校对:程小宜 | 版式设计:支 笛 |

出版发行: 武汉大学出版社 （430072 武昌 珞珈山）
（电子邮件：wdp4@whu.edu.cn 网址：www.wdp.com.cn）
印刷: 湖北省荆州市今印印务有限公司
开本：880×1230 1/32 印张：7.25 字数：152 千字
版次：2005 年 10 月第 1 版 2005 年 10 月第 1 次印刷
ISBN 7-307-04814-0/F·961 定价：12.00 元

版权所有，不得翻印；凡购我社的图书，如有缺页、倒页、脱页等质量问题，请与当地图书销售部门联系调换。

武汉大学"金融学博士文库"编委会名单

（按姓氏笔画为序）

叶永刚　卢汉林　田　玲　江　春
刘思跃　李　琼　何国华　张东祥
赵何敏　胡炳志　黄　宪　潘　敏
魏华林

总　　序

　　20世纪末期以来,随着信息技术的快速发展及其在金融领域的广泛应用,国际金融市场上金融创新层出不穷,金融管制日益放松,全球金融体系发生了深刻的变化:传统的以商业银行为主体的金融中介机构在全球金融体系中的地位相对下降,经济主体的金融活动越来越趋向于市场化,资本市场在金融体系中的地位和作用迅速提高。与此同时,现代经济学理论也发生了根本性的变化:传统的以完全竞争为前提的市场均衡理论逐渐被不完全竞争下的市场均衡理论所取代,信息经济学、交易费用经济学、博弈论、代理理论、契约理论等经济学理论和研究方法获得了快速的发展。

　　金融活动的市场化和金融体系的变化,经济学理论和研究方法的发展及其在金融学理论研究中的广泛应用,改变了传统金融理论的分析范式和框架,丰富和发展了现代金融理论的内容:一方面,不同经济主体在不确定性条件下如何进行跨期的最优资源配置决策的研究日益成为现代金融学理论探讨的主题,资产定价、公司金融、有效市场、行为金融、银行管理和风险管理等成为现代金融理论最为核心的内容,金融理论的研究日益市场化和微观化。另一方面,以经济主体投融资行为决策为主要研究内容的微观金融理论的发展也对传统的宏观金融理论提出了挑战,货币经济理论、汇率理论、金融中介理论、金融监管理论以及金融与经济发展等宏观金融理论在吸收现代微观金融理论新的研究成果和研究方法的基础上,也取得了长足的发展。

我国的经济及金融正处于巨大变革的重要历史时期,实践的变革和发展需要理论的指导,并为理论研究提供动力和源泉。本着学习、吸收、借鉴现代金融学研究成果及研究方法的态度和勇于探索、严谨求实的精神,在武汉大学出版社的支持下,我们金融学学科团队编辑和出版了这套丛书,以期能够为我国金融学理论研究和改革实践的创新及发展有所裨益。

武汉大学金融学有着悠久的历史。中华人民共和国成立前后,以留学归国的杨端六教授(伦敦大学)、李崇淮教授(耶鲁大学)和周新民教授(哥伦比亚大学)等为首的一批学者在当时国内金融学界具有较高的学术地位。1952年,受中国人民银行总行委托开办的银行专修科专业标志着武汉大学金融学科的正式创建。改革开放后,武汉大学是国内综合性大学中最早恢复金融学科的重点大学之一。在中国银行总行的支持下,武汉大学于1983年开办了"国际金融"专业,随后又相继开办了"货币银行学"、"保险学"以及"投资经济"等专业,从而形成了完整的金融学科群,并迅速恢复了在国内学术界的影响力。这一时期,周新民教授是国内欧洲货币体系及国际收支问题研究领域的权威学者,李崇淮教授在20世纪80年代初提出"黄金非货币化"的观点和论述,在国内学术界产生了巨大的影响,并成为这一学派的代表人物。

从20世纪80年代起至今,武汉大学金融学科中的中青年学者迅速成长,经过长期不懈的努力,本学科已形成了一支具有"群体优势、团队优势、学历优势、年龄优势"的学科团队。在制度金融理论、金融中介理论和银行管理、金融工程、国际金融、公司金融、金融市场及保险理论和保险精算等方面构建了较为完整的学术梯队,形成了稳定的学术方向,取得了一系列在国内学术界较有影响的学术成果。迄今为止,本学科共承担国家自然科学基金及国家社会科学基金项目数十项,并多次荣获全国普通高校人文社会科学优秀科研成果奖、全国普通高等学校优秀教材奖、国家级教学奖以及湖北省社会科学优秀成果奖。

目前,武汉大学金融学科共设有金融学、金融工程、数理金融和保险学四个本科专业,拥有金融学、金融工程硕士学位和金融学博士学位授予权,2003年被湖北省批准为省级重点学科。为进一步凝练学术方向、整合学术队伍、建设创新学术团队,经武汉大学批准,2004年通过整合校内外学术资源,我们组建了"武汉大学金融研究院",作为武汉大学人文社会科学重点研究基地,进行金融理论的创新和应用研究以及高级学术人才的培养。

本套丛书的作者均为本学科中最近几年在国内外获得金融学博士学位的年轻学者,其选题来源于他们的博士论文。在丛书的编辑过程中,作者们对其博士论文作了大量的修改和补充,力求反映其研究领域相关研究的最新发展趋势和自己的最新研究成果。尽管每位作者在其各自的研究领域中都做出了艰辛的努力,但我们深知,其研究成果中的不足也是在所难免的。正因为如此,我们希望他们能够在其各自的研究领域继续大胆探索,勇于创新,以此推动我国金融学理论研究的发展。我们也希望该丛书能抛砖引玉,以期有更多的学者加入到我们的学术团队之中,并不断关心、支持和推动武汉大学金融学科的发展。

武汉大学"金融学博士文库"编委会

内容摘要

20世纪末,货币支付技术革命带来了货币形态的又一次变革。货币"无纸化"正在摧毁着传统货币体系的一系列本质特征。"技术上的进步埋葬了旧的理论"。西方新货币经济学以全新的思维方式提出了让人耳目一新的理论观点。本书较系统地评介了西方新货币经济学的思想渊源和主要理论观点,并从西方新货币经济学的视角,反思传统货币理论的基础性缺陷和政策困境,探讨后货币经济中货币及其制度特征。从中我们感悟到,西方新货币经济学提出的预言,不久前还被人不屑一顾,今天却越来越被现实所证实。因此,关注新理论、思考新问题、拓展新思路是正在迈向后货币经济的人们不可回避的新课题。

关键词:无纸化货币　支付系统革命　新货币经济学

Abstract

By the end of 20th century, the revolution of payment technique has lead another change of money form. The "paperless" money is destroying a series of important features of traditional money and monetary system. In a complete new vision, Western New Monetary Economics gives out its striking theoretical ideas. This book offers a systematic introduction about the theoretic source and main theoretic ideas of New Monetary Economics. From the perspective of New Monetary Economics, it conducts a retrospect of traditional monetary theory, as well as a study of the features of money and monetary system in post-monetary economy. From the above, we achieve a clear sense that the predicts of New Monetary Economics were so commonly neglected not long ago, is being more and more proved by the reality today. Therefore, it is inevitable for people who are entering the post-monetary economy to take a serious thought for new theory, new problem and a new way of looking at the new world.

Key Words: Paperless Money; Payment System Revolution; New Monetary Economics

目 录

引言 ·· 1

上编 对传统货币理论的反思

第一章 货币概念的困惑 ····································· 7
第一节 货币定义的悖谬 ································· 8
一、商品货币定义的悖谬 ································· 9
二、纸币货币定义的悖谬 ································ 15
三、无现金经济提出的问题 ······························ 22
第二节 货币内涵的是非 ································ 23
一、货币界定的是非 ···································· 24
二、货币本质的是非 ···································· 26
三、货币地位的是非 ···································· 29
第三节 货币数量的反诘 ································ 31
一、概念逻辑的反诘 ···································· 31
二、数量关系的反诘 ···································· 32

第二章 货币理论的尴尬 ···································· 34
第一节 瓦尔拉均衡与货币均衡 ·························· 34
一、瓦尔拉均衡模型的表述及内涵 ························ 35
二、货币数量论的表述及内涵 ···························· 39

三、瓦尔拉均衡与货币均衡的不相容性 …………… 46
　　四、对传统货币理论微观基础的质疑 …………… 48
　第二节　萨伊与非萨伊 …………………………… 59
　　一、传统货币数量论 …………………………… 61
　　二、从维克赛尔到凯恩斯革命 ………………… 63
　　三、现代货币数量论 …………………………… 68
　第三节　希克斯共存问题 ………………………… 71
　　一、世代交叠模型 ……………………………… 71
　　二、效用函数中的货币理论 …………………… 80
　　三、货币先行约束理论 ………………………… 82

第三章　货币政策的无能 ……………………………… 84
　第一节　货币政策前提消失 ……………………… 84
　第二节　货币乘数范式动摇 ……………………… 87
　　一、货币乘数的基础动摇 ……………………… 88
　　二、货币政策杠杆支点他移 …………………… 89
　　三、货币政策传导渠道更迭 …………………… 92
　第三节　"货币主义者实验"的失败 ……………… 93
　　一、实验涉及的主要理论 ……………………… 93
　　二、实验及结果 ………………………………… 97
　　三、实验所示 …………………………………… 99

上编小结 ………………………………………………… 100

中编　新货币经济学的启示

第四章　新货币经济学的形成 ……………………… 103
　第一节　新货币经济学的理论渊源 ……………… 104
　　一、分离货币两大基本职能说起源 …………… 104
　　二、"法律限制"说起源 ……………………… 110

第二节　早期新货币经济思潮的产生 …………… 115
一、对传统货币数量论的批判 …………………… 115
二、对相关理论的借鉴 …………………………… 117
三、与现代新货币经济学的异同 ………………… 118

第三节　现代新货币经济学的发展 …………… 119
一、来自理论方面的原因 ………………………… 120
二、来自实践方面的原因 ………………………… 120

第五章　"法律限制"说 …………………………… 122
第一节　资产收益悖论问题 ……………………… 122
一、债券的发行价问题 …………………………… 123
二、债券的拆零问题 ……………………………… 124
三、债券市场上的交易摩擦 ……………………… 125

第二节　货币政策有效性问题 …………………… 126

第三节　资源配置效率问题 ……………………… 128
一、"法律限制"与价格歧视 …………………… 130
二、"法律限制"与社会福利 …………………… 133
三、"法律限制"与政府收益 …………………… 133

第六章　"BFH"系统 ……………………………… 136
第一节　无现金支付系统 ………………………… 136
一、外在货币消失 ………………………………… 137
二、货币两大基本职能分离 ……………………… 138
三、自由竞争式支付系统 ………………………… 139

第二节　共同基金公司式银行 …………………… 140
一、共同基金银行模式 …………………………… 141

二、共同基金银行的稳定机制 …………………… 142
　第三节　无"法律限制"货币系统 ……………………… 144
　　一、自由竞争货币系统描述 ……………………… 145
　　二、来自传统货币理论的抨击 …………………… 147
　　三、新货币经济学的回答 ………………………… 148

中编小结 ……………………………………………………… 151

下编　后货币经济中的货币系统考证

第七章　后货币经济中的货币特征 …………………… 155
　第一节　支付技术与货币内涵 ……………………… 157
　　一、货币层次概念模糊 …………………………… 157
　　二、货币数量概念无意义 ………………………… 158
　　三、货币两大基本职能自然分离 ………………… 159
　第二节　资本市场与货币价值 ……………………… 160
　第三节　金融创新与货币制度 ……………………… 161

第八章　后货币经济中的支付系统地位 ……………… 163
　第一节　资产选择理论的意义 ……………………… 163
　　一、两种约束 ……………………………………… 164
　　二、投资者效用最大化资产选择的范围 ………… 166
　第二节　支付系统效应 ……………………………… 170
　　一、"共同基金"银行资金配置 …………………… 170
　　二、清算资金成本约束机制 ……………………… 171
　　三、支付系统效应 ………………………………… 173
　第三节　"支付系统效应"评析 ……………………… 175

第九章 对中国现行货币系统的实证分析 …… 176
第一节 货币数量调节工具效果 …… 177
第二节 基础货币操作空间 …… 181
第三节 超额准备金比率的地位 …… 183
第四节 法定存款准备金比率的实际效果 …… 186
第五节 超额存款准备金难题 …… 187
第六节 实证结果的解释及结论 …… 189
一、货币供给量中介目标仍然有效 …… 189
二、政府效果时滞较长 …… 190
三、基础货币对货币供给量影响趋弱 …… 190
四、市场利率影响有待加强 …… 190

下编小结 …… 192

综述 …… 193
附录 …… 199
主要参考文献 …… 201
后记 …… 213

引　言

这是一个由货币支付系统革命引发的研究课题。20世纪末,以计算机和网络技术为特征的新技术浪潮,将信用经济中传统的纸币支付方式拽进了以记账符号转移为特征的电子支付时代。应运而生的金融创新如雨后春笋,使得金融机构得以广泛地逃避传统金融体制的规制。20世纪80年代以后,各国货币当局对货币数量的控制越来越困难。"技术上的变化埋葬了旧的货币理论"。人们普遍认为必须改变以控制货币数量为特征的货币政策中介目标。从20世纪90年代起格林斯潘旗下的美联储将这种共识变成了实践。

自从普林斯顿大学学者迈克尔·伍德福特(Michael Woodford)在1996年"墨西哥城经济发展与控制学会"年会上①第一次提出"后货币世界"(Post-Monetary World)概念后,越来越多的人开始关注这个以更高信用程度为特征的全新货币经济形态。

人类经济经历了三次货币形态的更迭:第一次是从"以物易物"向金属货币的变革;第二次是从金属货币向纸币货币的发展;第三次是从纸币货币向支票和信用卡的演变。

---

①　参见迈克尔·伍德福特1998年发表在《经济发展评论》(Review of Economic Dynamics)第1期第173~219页的演讲修改稿。

20世纪90年代,计算机网络技术的普及,特别是电子资金转账系统(Electronic Funds Transfer System,EFTS)的广泛运用,再次改变了货币形态——无纸化货币。如果说第一次货币形态的变革是"商品货币经济"的标志,第二次货币形态的变革是"纸币货币经济"的开始,那么货币无纸化则将人类带进了"后货币经济"时代。

后货币经济有三个主要特征:(1)电子支付方式在极大程度上取代了纸币支付方式,实现了货币形态无纸化。(2)金融市场,包括资本市场和货币市场高度发达,银行逐步丧失了信用创造垄断权。(3)中央银行被迫放弃对金融机构的强制性规制。货币系统更加市场化。各类金融机构向一般企业回归,即以自身效用最大化为首要经营目标。

今天的货币系统与传统货币理论面对的货币系统有了很大的区别。一些涉及货币形态、功能、特征等货币本质要素的变迁直接对沿用至今的经典货币政策理论提出了挑战。在经济系统中,一般是先有实践后有理论,即由于出现了问题,才产生出一种理论对之进行解释。而新货币经济学的产生则带有浓厚的"思想实验"色彩。如同爱因斯坦的相对论在还未得到实验证明之前所受到的贬责一样,新货币经济学也因此而备受批评。但不可否认的是新货币经济学的理论是建立在严谨的理论逻辑和模型推导基础上的。它以全新的思维方式,得出让人耳目一新的结论。更有意思的是,西方新货币经济学提出的许多观点和预期,不久前还似乎不屑一顾,今天却越来越被现实所证实,特别是被电子支付技术的发展和各类金融创新造就的新现实所证实。

我们将从新货币经济学的视角对后货币经济进行解读。

本书由上、中、下三编构成。

上编从新货币经济学的视角反思传统货币体系。上编包括三章:第一章,论述货币概念的内在矛盾。货币的双重职能造成了货币定义、货币内涵、货币数量等货币基本概念的困惑。这种困惑是货币理论内在矛盾和货币政策实践不断遭遇难题的根源。第二章,论述货币理论的内在逻辑矛盾。货币理论与一般经济理论两分法问题、货币理论的微观基础缺损问题、"希克斯共存问题"都源自货币理论的基础性矛盾。第三章,论述货币政策有效性的约束条件和后货币经济提出的问题。由于货币形态的变化,传统政策的必要前提、杠杆支点和传导渠道都受到前所未有的冲击。

本书中编对新货币经济学进行系统评述。以尼尔·华勒士(Neil Wallace)、费希尔·布莱克(Fischer Black),尤金·法玛(Eugene Fama),罗伯特·霍尔(Robert Hall)为代表的新货币经济学,主要由"法律限制"(Legal Ristrictions)说和"BFH"系统两大理论组成。主要观点有:(1)货币和货币制度在经济中的特殊地位是政府"法律限制"赋予的。(2)伴随信息和交易服务成本不断下降而形成的不同(市场)规则,将导致截然不同的金融制度和货币安排。(3)货币的价值尺度职能应该和交易媒介职能分离①。本书中编包括三章:第四章,评介新货币经济学的理论渊源及形成。第五章,评介新货币经济学"法律限制"理论。第六章,评介新货币经济学"BFH"系统。

本书下编以新货币经济学为理论基础,解读后货币经济中的货币系统特征。下编包括三章:第七章,考证后货币经济中的货币特征。第八章,阐述后货币经济中的"支付系统效应"。第九章,用新货币经济学的观点对中国现行货币系统进行实证。

---

① "The New Palgrave Dictionary of Money and Finance,"(1992),The Macmillan Press Limited,p 28.

上　编
对传统货币理论的反思

七 社会发展而理的反思

第一章

货币概念的困惑

当日益兴旺的经济交往,把人类社会从以物易物经济拽进货币经济时,货币就以其独有的魅力在纷繁的经济世界里呼风唤雨。它时而如金光灿灿的财宝诱人追逐不已,时而又如同神秘莫测的面纱令人琢磨不定。于是人类有了那部历经数世纪的货币理论论战史。

自古罗马法官鲍鲁斯提出"货币的价值被货币的数量所左右"伊始,货币理论经过了16世纪的重商主义学者鲍丁、达凡查梯、托马斯·孟,17世纪的洛克、坎特罗,再到18世纪的休谟、李嘉图、穆勒父子,初步形成了一个以货币数量为中心论题的独立经济理论体系。

19世纪后,经过两次大论战,货币理论在硝烟中得到长足发展。19世纪末至20世纪初,以交易方程和剑桥方程为标志的传统货币数量论的诞生为系统的货币理论树起了第一块里程碑。这个由费雪、马歇尔和庇古等为代表的古典经济学家共同完成的理论体系,曾被视为主流货币理论的经典,西方货币政策的指南。直到1929年,这座人们心目中的象牙塔才随着西方经济的崩溃而倒塌。1929~1933年,西方世界的经济大萧条造就了凯恩斯主义。这是西方货币理论的第二块里程碑。它以有效刺激西方经济复苏的战绩成为西方各国奉行的新政策理论。然而,20世纪60年代末特别是70年代,西方经济普遍出现了滞胀顽疾,致使凯恩斯主义黯然失色。20世纪60年代,米尔顿·弗里德曼以《货币数量论:一种重新表述》一文使货币数量论再显辉煌。这一时期,以弗里德曼为代表的现代货币数量论日益成为西方货币理论的主流。现代货币主义的应运而生树起了西方货币理论的第三块里程碑。

从传统货币数量论的诞生到凯恩斯革命,再到弗里德曼的货币主义复兴,这个在外生与内生、名义与实际、自由与规制之间争论不休的理论体系,无不精辟地描述了商品货币经济和纸币货币经济繁杂的货币现象。本书将这些后货币经济历史阶段之前的货币理论统称为传统货币理论。

传统货币理论关于"货币"的争论是从三个层面上展开的:(1)如何定义货币;(2)如何评判货币对经济系统的影响;(3)如何控制货币。第一个问题引发了"货币观"争论,它涉及"货币是什么"的基本理论问题;第二个问题带来了对"两分法"的论战——一个关于货币理论基础的论战;第三个问题则导致了货币政策的纷争。遗憾的是,这些历经数世纪的争论并未达成代表真理的结论,而是形成了诸多不可调和"流派"的现实。

第一节 货币定义的悖谬

这是一个古老且全新的话题。以交换劳动分工成果为特征的商品生产,规定了交换在该生产制度中的核心地位。

正如人们需要用"公斤"和"公里"来度量重量和长度一样,日益繁杂的商品交换活动,也要求建立一个约定俗成的价值标准用于衡量和转移价值,于是就有了"货币"。货币的职能也因此被定义为经济系统中的"一般等价物"。这个定义意味着货币必须同时既是价值尺度(一般等价)又是交易媒介(物)。遗憾的是,正是由于这个极简单的货币定义,使货币成为一个永恒的矛盾载体。

一、商品货币定义的悖谬

在交换活动中,当人们约定一种(或几种)物品用于度量所有其他商品价值时,最早的货币形式——商品货币就出现了。17世纪末至20世纪初,是以研究商品货币及货币制度(包括可兑现纸币货币制度)为主要内容的古典货币理论形成和发展的鼎盛时期[1]。由于交换中的商品价值是以价值的货币形式来衡量的,因此古典货币理论必须首先定义什么是货币。

(一)古典货币理论的"货币观"从下面七种代表理论中可见一斑

1. 威廉·配第的货币观:英国古典经济学的创始人威廉·配第在1662年所著的《赋税论》中指出,假如生产一蒲式耳谷物所需的劳动,和生产一盎司白银所需的劳动相等,后者就是前者的价值。而且这是"用实用的而不是用想象的方法来计算商品的价格"[2]。显然,配第所说的白银不是

---

[1] 后期的古典货币理论还包括不兑现纸币制度的研究成果,但本书在此暂不涉及这部分内容。

[2] 凯恩斯:《就业、利息和货币通论》,商务印书馆,1981年版,第206页。

普通商品,而是"货币"。如果我们将此看成是最初的货币定义,那么这个定义的实质则可理解为:货币是一种具有"一般等价"性和"物"化性的特殊商品。商品货币的价值决定于生产出这种货币商品的"生产成本"。

2. 洛克的货币观:英国经济学家和哲学家约翰·洛克在1691年出版的《论降低利息和提高货币价值的后果》和1695年的《再论货币价值的提高》两部著作中提出:黄金和白银具有稀少、耐久和不易伪造的特性,被人们一致认为具有内在价值,即"观念的金",使它们成为共同的保证物和交换媒介。可见,洛克同样将"货币"视为"可以换取一切物品"的那种物品,即只有具备"一般等价"特征的"物"品才是天然的货币。洛克认为:"货币的价值决定于和全部贸易成比例的世界上全部货币的数量,而任何一个国家中货币的价值决定于和现有贸易成比例的那一国国内流通货币的现有数量。"可见,洛克认为货币的价值与货币数量直接相关。

3. 坎蒂隆的货币观:爱尔兰银行家理查德·坎蒂隆在1755年所著《商业性质概论》一书中对货币作了如下定义:黄金和白银具有体积小、质量相同、易于运输、可分割等特点,所以被各国作为共同的价值尺度即货币。坎蒂隆认为,金银作为价值尺度或货币,必须在事实上和现实中同它所交换的物品价值相等。如果一国让某种没有真实价值或内在价值的东西充当货币,那么本国居民和其他国家必然会拒绝接受它。因此,充当货币的金属是像其他商品一样具有内在价值的商品。坎蒂隆的货币定义在指出货币的"一般等价"性和"物"化性的同时,强调了充当货币的黄金、白银自身的商品价值。

4. 孟德斯鸠的货币观:法国法学家在其所著《法的精神》

中就货币的性质作了这样的阐述:"货币是一种标记,代表一切商品的价值。"贵金属之所以用来充做这种标记,是因为这种"标记"易于携带。孟德斯鸠根据充当货币的贵金属重量和成色,将金属分为真实货币和想象货币。具有一定分量和成色的金属货币是真实货币,而由于不诚实或由于材料缺乏,把每一货币的金属含量减去一部分而仍然使用同一名目的是想象货币。孟德斯鸠强调:"对一切要求贸易繁盛的国家,有一项极好的法律,可以根绝这些流弊,就是规定只能使用真实的货币,并禁止一切可能使它变成想象货币的办法。"孟德斯鸠将货币定义为"足值的,代表一切商品价值符号的物品",即"一般等价物"。显然,孟德斯鸠认为货币的价值一定是充当货币的这种商品自身的"足值"商品价值。

5. 休谟的货币观:大卫·休谟是18世纪英国货币数量论的重要代表。他在1752年出版的《政治论丛》中,将货币定义为:"货币是一种交换的通用手段,它是一种使贸易机器上齿轮的转动更加平滑自如的润滑油。"休谟所说的"通用手段"即"一般等价",而以金银铸币为载体的"手段"或"润滑油",则具有实实在在的"物"化特征。休谟认为:"一切东西的价格取决于商品与货币之间的比例,任何一方的重大变化都能引起同样的结果——价格的起伏……"如果英国全部货币的4/5在一夜之间消失了,那么结果会使一切劳动和商品的价格下降,从而使别国在世界市场上无法同我国争夺。如果英国的全部货币在一夜之间增加4倍,那么,相反的结论就会接踵而至,我们的一切劳动和商品将贵得出奇,让所有邻邦买不起。显然,休谟认为货币的价值决定于货币数量。

6. 李嘉图的货币观:英国古典经济学家大卫·李嘉图在1809年所著的《黄金的高价》、1816年所著的《一个既经济又安全的通货建议》、1817年所著的《政治经济学及赋税原理》等著作中系统阐述了古典经济学的代表性货币理论。李嘉图认为：黄金白银也和其他商品一样，有其内在的价值。这是由它们的稀缺性和为取得这些金属而使用的劳动量，以及在开采它们的各矿所用资本的价值所决定的。李嘉图强调：当一种通货完全由纸币构成，而这种纸币的价值又与其所要代表的黄金的价值相等时，这种通货就处于最完善的状况。显然，李嘉图强调货币本身的"商品价值"，即货币是用做"一般等价"的特殊"商品"。

7. 约翰·穆勒的货币观：英国著名经济学家约翰·穆勒在1848年所著的《政治经济学原理》一书中，将货币理解为："所谓货币，是指交换媒介物。""货币的价值，即是货币交换的东西，是货币的购买力。"在这个定义下，穆勒将货币看成是一种充当"交换媒介"的"商品"。穆勒认为：在自由铸造货币并不收取铸造费用的情况下，货币价值将与造币的金银条块的价值相符合。由于金银条块和其他物品一样是商品，其价值也就同其他物品一样决定于生产费用，只是金银的价值决定于最劣等矿山生产金银所必需的生产费用。穆勒特别提到，货币价值在短期内决定于货币供求，并与货币数量成反比的命题是有前提条件的，因为"信用一旦成为购买的手段，我们就会发现，价格与流通媒介物的关系将会更不直接，更不密切。并且会发觉，这种关系即便存在，亦不许用这样单纯的方法表现。"因此，在有复杂信用制度的英国，这个命题对于现在来说，就成为一种"极不正确的表现。"可见，穆勒认为货币的价值在于货币商品的价值。

（二）对这七种理论的分析

按照在货币价值观上的差异，我们可将上述对货币的定义归纳为两大类:一类是以大卫·休谟为代表的"货币数量"价值观,即货币金属论者的货币价值说;另一类是以威廉·配第为代表的"生产成本"价值观,即货币名目论者的货币价值说。

1. "货币数量说"认为,一种商品集合的价值是这种商品的单位价格乘以其数量。若将所有商品价值加总,就得到全社会商品集合的总价值。由此便定义了该理论的两个重要概念:(1)用于表示单位商品价格的,即价值单位是任意约定的货币商品单位,如一盎司黄金,或一定量的货币商品符号,如1美元、1英镑、1马克、1法郎或1日元,等等。(2)商品集合的总价值规定了均衡货币总数量。

基于对商品货币的上述理解,休谟提出了在一个国家里,商品的货币价格是与货币数量成比例的思想,并由此而得出货币数量的变化在短期内确实能影响经济活动水平的结论。据此,亚当·斯密提出银行只对真实债权人发放贷款,以保证这种贷款能及时自动清偿的货币政策。

如果我们对"货币数量说"定义下的货币稍加剖析,便会发现其中的矛盾:(1)"尺度"的本质特征是单位量的固定不变性,如重量单位"公斤"、长度单位"公里"等。价值"尺度"的单位也必须是一个固定量。然而,货币数量价值观却将货币总数量与货币总价值画上等号。这就使货币价值单位变成了货币数量的函数,即在实际经济交易总量不变的情况下,价值尺度会随着货币商品数量的增加而"缩小",或随其减少而"放大"。显然,在这种情景下,价值"尺度"丧失了不可违背的本质逻辑属性——不变的标准。(2)上述定义强调货币供给量与价格总水平变动之间的直接联系。这意味着货币政策要以控制商品货币总量的方法来保证物价稳定。这就产生了另一个概念性悖谬:正如人们不会问世界上总共有多少"公斤"或多少"公里"一样,作为价值的"尺度",货币总量概念本是无意义的。由此,我们不难看到,"货币数量说"的货币定义陷入了"价值尺度"的概念性悖谬之中。

2."生产成本说"认为,商品的货币价格反映的是商品的生产成本同货币商品的生产成本之间的关系。货币商品取得了表达在其他商品中包含着的抽象劳动的特殊职能。这种职能源于货币商品也具有一般商品属性。

该定义较清晰地阐述了在自然资源、生产力水平等因素不变的条件下,货币因自身的一般商品价值而成为一种稳定的价值尺度的思想。然而,正是因为作为货币的商品这个一般商品属性,货币商品的价值储藏功能便应运而生了。

根据李嘉图的理论,货币应该纯然只是商品交换的媒介,只是实际经济的"一层面纱",并无任何独立决定经济活动的作用。因此,商品总供给和货币总需求之间存在一种自然且永恒相等的关系。也就是说,"纯然"的交易媒介是货币成为良好"一般等价物"的必要前提。

然而,在"生产成本说"的货币定义下,货币商品自身的商品价值,使其在充做交易媒介的同时,具有了价值储藏功能。因此它能够"于危机时期滞留于窖藏储备是使总需求减少……成为危机的先决条件和危机展开的重要途径"。显然,货币的价值储藏功能使其失去了"纯然"交易媒介特性,即不再是单纯的"面纱"。这里提示的一个重要问题是:如果商品货币具备了普通商品的价值储藏功能,即具备了稳定价值尺度特性,就难以成为"纯然的交易媒介"。这就意味着,货币要么放弃真正意义上的"价值尺度"特性,要么放弃纯然的"交易媒介"特性。如集两者于一身,则难逃定义上的逻辑悖谬。

由于古典货币理论决定性地规范了后来的货币理论发展,因此这个由货币定义而生的概念性悖谬,就不可避免地引发了后来的一般经济理论体系与货币理论体系之间的一系列致命矛盾和无解的争论。

二、纸币货币定义的悖谬

货币理论在约翰·穆勒之后沉寂了数十年。直到19世纪末至20世纪初,信用进入快速扩张时期,物价上涨遍及全世界,于是信用货币——纸币进入了货币理论视角的焦点。

始于17世纪末的"货币论战"成为后来纸币货币理论发展的前奏。货币理论史所熟知的"金块论"与"反金块论"论战,"通货主义"与"银行主义"论战的实质是"金属主义"货币学说与"名目主义"货币学说之间的论战。

金属主义货币学说基于货币的价值尺度和储藏功能,将货币等同于贵金属。他们强调货币是一种商品,货币必须具有金属内容和实物价值,即贵金属的价值。货币就是贵金属。

名目主义货币学说则基于货币的流通和支付功能,否定货币的"商品性",否定货币的实物价值,认为货币只是一个符号、一个名目上的存在。名目主义的代表学说有:货币国定说、货币职能说、货币票券说、货币抽象说等。

货币国定说认为:货币是国家政权的产物,是法律与规制的产物。货币的价值是由国家法律和行政力量所规定的。只要有国家法律和行政力量的支持,任何原本没有价值的东西都能充当货币。

货币职能说认为:货币虽然从商品发展而来,但是货币产生以后就逐渐从原来的商品载体(币材)中独立出来。货币的价值不是币材的价值,而是货币职能的价值,因为货币只有在流通中才有价值。

货币票券说认为:货币是其持有者用来换取任何商品的票券,是实现交换的价值计量单位和符号,因此,货币本身并没有内在价值。货币的价值是由国家任意规定或由一国的货币数量决定的。

货币抽象说认为:货币单位是抽象的价值计算单位,是决定商品相对价值的手段。无论用什么做币材,是贵金属或是纸,都无关紧要。只要有一个名称,如英镑、元等,用来作为抽象的价值计算单位就足够了。

随着金本位制度的崩溃和信用制度的发展,金属货币主义学说逐渐失去主流学说的地位。名目货币主义学说逐渐占据主导地位。信用货币理论即纸币货币理论的各种学说几乎都采取了"名目主义"货币观。它们一致认为,纸币货币是货币当局外生注入的名义价值代表。货币商品(如:黄金)失去了一般商品价值属性。在不兑换货币的制度下,纸币的商品本位没有意义。因此,传统货币理论对纸币的定义以及对货币价值的加注立说,在长达一个世纪的纸币货币经济中,是以货币数量论为代表的。

(一)传统货币数量论对货币的理解

传统货币数量论认为经济中行使交易媒介职能的货币是外生的(中央银行给定的)。纸币货币制度是一种以中央银行为中枢的货币制度。中央银行发行的某一数量不兑现纸币是经济中的法定货币。由此,古典货币数量论以两个经典的方程式解释了纸币的价值。

1. 费雪交易方程式。美国经济学家欧文·费雪在1911年所著的《货币的购买力》一书中提出了"精密的货币数量原理"——费雪交易方程式。

费雪首先将货币定义为:"与货物交易时一般愿意接受"的媒介。因此,决定一般物价的因素是:(1) 流通货币的数量;(2) 流通率,即一年中以货币交换商品的平均次数;(3) 交易量,即以货币购得的物品数量。他用一个方程式将这种关系表述为

$$MV = PT \qquad (1.1.1)$$

式中

M—— 全年流通货币的平均数量;

V—— 全年以货币交换商品的平均周转次数或流通率;

P—— 各种物价加权平均数或一般物价水平;

T—— 全年商品和劳务的总交易量。

这就是费雪交易方程式。费雪交易方程式含义为:在均衡经济状态时,货币总量 MV 等于经济交易总量 PT。

费雪认为,无论是国际贸易还是国内贸易,都不过是货物所有权的流动与货币流动的等量交易。表示这两者的方程式,可以称做交易方程式。因为货币的购买力由所能购买到的货物数量而定,所以物价越低,购物量越多,货币的购买力越大;反之亦然。因此,货币的购买力就是一般物价水平的倒数。"研究货币的购买力就是研究均价。"

2. 马歇尔、庇古的剑桥方程式。英国经济学家阿尔弗雷德·马歇尔在1887~1888年"对英国金银委员会的答复"和1899年"对英国印度通货委员会的答复"中首次提出了现金余额理论(并在 1923 年所著的《货币信用与商业》一书中重新对该理论作了系统阐释)。他的学生阿瑟·庇古在1917年发表的《货币的价值》一文中,将马歇尔的理论用方程式表示出来。至此,两人共同完成了传统货币数量论的第二个代表

性理论——剑桥方程式。

马歇尔首先对货币职能作了如下定义:货币是指一切不管在何时何地作为购买商品和劳务以及商业支付手段时,能够不受怀疑或调查就通行无阻的东西。货币包括政府发行的一切硬币和纸币。马歇尔认为,人们需要货币,主要不是为了货币本身的商品价值,而是因为有了货币,就掌握了一种很方便的购买力。一个国家所需要的并不是一定数量的金银货币,而是有一定购买力的通货。货币的一般购买力是指货币在某个国家(或地区)内以实际被消耗的比例购买商品的能力。如果能够无代价地扩大由此而获得的利益,每个人都会以通货的形式大量保有可随时使用的购买力。但事实上"保有通货不会带来收入",这就是保有通货付出的代价。因此,每个人都会权衡扩大通货保有量得到的利益,和把其中一部分用于购买某种商品或投资证券所能得到的利益。

交易方程式:$MV = PT$ 没有指出决定通货流通速度的原因。因为流通是随着人们认为手头应该保有的购买力数额的变动而变动,所以我们必须注意该国国民愿意以通货形式保有的购买力总数。基于这个现金余额理论,马歇尔、庇古建立了这样一个剑桥方程式:

$$M = kPy \qquad (1.1.2)$$

式中

M——全年流通货币的平均数量;

P——各种物价加权平均数或一般物价水平;

k——国民收入中以货币形式持有的比例;

y——国民收入。

剑桥方程式表述的是,均衡经济状态的货币需求量 M,等于人们愿意以货币形式持有的那一部分实际国民收入 kPy。

如果将交易方程式和剑桥方程式作一个抽象化概念表述,则可表述为

$$交易价值总量 = 货币数量$$

值得注意的是,这个表述中的货币数量,实质上是经济交易中商品总价值的符号,而不再是价值尺度——独立稳定的单位价值。因为在这个理论中,"或者,必须改变在给定价格之下所从事的交易总量,以使交易价值总额等于货币总量;或者,必须改变交易赖以进行的价格,以达到同样的效果"。也就是说,在货币总量给定的条件下,要么削足适履——改变经济交易总量,以期保证用既定价值单位计量的经济交易总量和既定货币数量相等;要么丢规弃矩——令货币单位价值随经济交易总量增减而伸缩,以保证货币总量与经济总量相等。显然这里的悖谬是,在"交易媒介"数量给定的前提下,必须丢弃"价值尺度"的本源性属性。若要两者兼备,则经济系统不均衡成为常态。

(二)现代货币数量学说对货币的定义

1. 净财富说。彼塞克-萨温(Pesek-Saving)认为货币是净财富,即货币是所有者的资产,但不是任何人真正意义上的负债。货币是没有相对消项的社会绝对净财富。该理论划出了一条严格区分"货币"和"债务"的分界线,认为只有无息支票存款,如铸币和法币,是货币。有息存款是一种债务,如债券,不是货币。认为对存款付息就使其变成债务,从而丧失了作为货币的属性,并在理论上严格区分创造无息支票存款的银行活动和充当赚取存贷利息差的金融中介的银行活动。由此,只有高能货币,即中央银行发行的现钞(包括无息活期存款)才是货币。显然,净财富说强调货币的交易媒介职能。

2. 中立说。纽林(W. T. Newlyn)和易格尔(Leland

Yeager)将货币定义为只有"作为交易媒介的物品是货币",严格区分"由法律或惯例定义的资产"和"由实际功能定义的资产"。只有商业银行用于支付的活期存款才是货币。定期存款(尽管有时难以和"货币"区分开)由于其主要功能不是交易媒介,所以只是一种准货币。

中立说理论的核心是:数量众多的货币持有者,在交易活动中相互支付和收取款项,付款者的支出量等于收款者的收取量。因此,交易活动因没有改变社会货币总量,而不影响借贷市场。更确切地说,只有那些可被所有者提取,用于增加支出时,既不引起货币量的减少,也不引起借贷市场货币需求相对增加的资产,即"中立"资产,才是货币。因此,外生的高能货币才是真正意义上的货币。

3. 市场均衡说。格雷芒里(Gramley)和切斯(Chase)提出,货币是指由中央银行提供的存量货币,即高能货币。因为这种外生变量的变化能够改变公众对货币的需求量,进而保证作为交易媒介的货币在流通领域供给量和需求量的均衡。

4. 货币需求说。弗里德曼(M. Friedman)认为,作为货币的纸币之所以有价值,是因为人们认为它有价值。每个人之所以相信纸币有价值,是因为自己的经验证明纸币是有价值的。这种相互加强的信念,就是根据现实而形成的一种虚构。

基于对货币价值的这种认识,弗里德曼提出了下列公式:

$$M_s = h(r), M_d = Y \cdot L(r) \qquad (1.1.3)$$

式中

M_s——货币供给;

$h(r)$——利率函数;

M_d——货币需求;

Y—— 国民收入；

$L(r)$—— 各种资产收益率函数。

因此,当:

$M_d = M_s$ 时,

就有:

$$Y \cdot L(r) = h(r) \qquad (1.1.4)$$

这个方程式表示:经济中作为国民收入和流动性函数的货币需求等于以高能货币函数表示的货币供给,即经济中流通的货币量是中央银行提供的高能货币的函数。

尽管上述这些学说从不同的角度来界定货币,但它们都认为:其一,信用货币是中央银行提供给经济系统的,因此货币是外生的;其二,货币是以交易媒介存量的方式进入实际经济系统中的。

现代货币数量论的货币定义悖谬是:由于货币供给的外生性,即货币数量由中央银行控制,而货币需求又是内生的,因此调节供需均衡的市场价格机制在货币系统中不复存在。货币系统与经济系统的"两分法"打破了自由市场的一般经济法则。由于货币供给对货币需求的适应取决于外生判断和操作,货币供给量与货币需求量的背离就是货币经济的常态。因此,价格机制——市场均衡的协调器,变成了引起经济波动的根源。货币数量控制的初衷原本是为了保证货币"价值尺度"的稳定性,使货币能够履行"纯然"交易媒介职能,然而,货币数量的外生控制却恰恰因阻断了市场价格调节机制作用,而造成了物价水平的波动。如前所述,在这种货币制度安排下,作为交易媒介的"货币数量"和作为价值尺度的"币值稳定"必然是一种互为因变量的关系,即要么放弃价值尺度的稳定,使物价不断波动,以使既定的货币数量与经济交易总量均衡;要么放弃对货币数量的控制,任其变动,以求币值稳定(物价稳定)。而作为这两种职能的共同载体——货币,不可能同时完成两种均衡。显然,这里的悖谬仍然由货币定义而生。

三、无现金经济提出的问题

从上述各种传统货币理论对纸币货币的定义不难看出,传统货币理论较一致地认为,纸币货币的核心是由中央银行控制和操作的高能货币或称基础货币,并将基础货币定义为由流通中的现金和银行系统的存款准备金两部分组成,即M_1。传统货币理论在这个货币定义基础上,建立起了一整套以货币扩张乘数效应分析为核心的货币理论和以控制货币乘数为核心的货币政策。

然而,根据 NilSON 1997 年的报告[①],1990 年美国现金结算只占美元结算总量的 20%,1996 年占 18%,2000 年占 16%,预计到 2005 年,只有 12% 的交易会以现金结算。不难看出这份统计报告所预示的一个确定无疑的趋势——流通中的现金正在迅速地被电子支付方式所取代,经济系统中的现金正在沦为一个微不足道的变量。

表 1-1 是 1989~1996 年,美国、法国、日本、加拿大、英国、新西兰等六国法定存款准备金率变动情况的统计。

表 1-1 显示:加拿大和新西兰中央银行已在这个时期内完全取消了法定存款准备金要求。美国、法国和日本中央银行也大幅降低了法定存款准备金要求,特别是对定期存款的准备金要求。英国中央银行规定的法定存款准备金率已经降到不具有约束力的低水平。

---

① *Journal of Monetary Economics*,(2000),46,pp 97-120.

表 1-1　　　　　　法定存款准备金率　　　　　单位：%

	活期存款			定期存款		
	1989	1992	1996	1989	1992	1996
美国	12.0	10.0	10.0	3.0	0.0	0.0
法国	5.5	1.0	1.0	3.0	0.0	0.0
日本	1.75	1.2	1.2	2.5	1.3	1.3
加拿大	10.0	0.0	0.0	3.0	0.0	0.0
英国	0.45	0.35	0.35	0.45	0.35	0.35
新西兰	0.0	0.0	0.0	0.0	0.0	0.0

资料来源：Economic Review, Federal Reserve Bank of Kansas City, Quarter 4, 1996.

上述统计资料表明，由于支付手段的无现金化，被传统货币理论定义为货币核心的"基础货币"，正在从现金和法定存款准备金两个方面同时萎缩。如果说信用货币仍需要通过"基础货币"派生出来，那么随着这个货币核心的消亡，信用货币从何而生？货币的非现金化现象再次向传统货币理论提出了这个关于货币定义的古老问题——货币是什么？

第二节　货币内涵的是非

在传统货币理论框架下，货币被同时赋予两项最基本的职能：(1)价值尺度；(2)交易媒介。传统货币理论的思维定式是：货币的多项职能是一个互相联系，互为因果，相互依存的统一体。货币产生于人类社会为解决"需求双重耦合"和"时间双重耦合"困难的生产交易活动之中。这就是说，货币最初是以充当经济交易的媒介而生。然而一种作为交易媒介的物品，又必须是普遍接受的价值标准的载体，这就要求作为价值尺度的货币自身要有内在价值,这才是名符其实的"一般购买力代表"。因此,货币就顺理成章地有了价值储藏职能和延期支付的职能。然而,这个多重职能内涵的货币定义,直接导致了三个货币基本概念内涵的是非争端。

一、货币界定的是非

(一)交易媒介职能下的货币界定

从货币的交易媒介或支付手段职能出发,传统货币理论将货币界定为通货(Currency)和银行的活期存款(Demand Deposit)。通货指流通中或公众持有的现金,是中央银行发行的纸币和硬币。活期存款指银行以支票账户存在的负债。这种可签发支票的活期存款,能直接通过支票对商品交易进行支付和清偿到期债务,与通货具有相同的作用或相同流动性。因此,传统货币理论界定的狭义货币为

$$M_1 = C + D_d \tag{1.2.1}$$

式中:

M_1——货币;

C——通货;

D_d——银行活期存款。

(二)价值储藏功能下的货币界定

另外一些学者认为货币是一种资产,它的主要职能是价值储藏。用弗里德曼的话说,货币是"能使购买行为从售卖行为中分离出来的购买力的暂栖所(A Temporary Abode of Purchasing Power)"。从这个角度说,商业银行体系的其他存款,如储蓄存款(D_s)和定期存款(D_t)也是货币,因此,货币被较广义地界定为

$$M_2 = C + D_d + D_s + D_t \tag{1.2.2}$$

或 $$M_2 = M_1 + D_d + D_t \qquad (1.2.3)$$
因此,货币是流通中现金与商业银行体系中各种存款(活期存款、储蓄存款、定期存款)之总和。

对此定义,弗里德曼和施瓦兹(A. J. Schwartz)进一步阐述了理由:(1)D_s 和 D_t 虽有一定存款期限,且带有各种利息收入,但 D_s 和 D_t 与 D_d 两类资产之间可迅速转移且转移费用低,因此替代性相当高。(2)更重要的是,根据美国货币史的实证研究,较广义的货币定义最能表现货币与经济活动的相关性。

(三) 引申价值储藏职能下的货币界定

货币的价值储藏职能使货币具有了资产的属性。那么作为价值储藏资产同类替代品的其他金融资产,就被理所当然地界定为货币。托宾(James Tobin)提出:"若商业银行的定期存款属货币,为何非银行金融机构的存款不能包括在货币之内?"于是,托宾、格雷(John G. Gueley)、肖(Edwards Shaw)给出了一个更广义的货币界定:

$$M_3 = M_2 + D_n \qquad (1.2.4)$$

式中:

D_n——银行以外金融机构的存款。

(四) 延期支付职能下的货币界定

以英国拉德克里夫(Radcliffe)为首的"货币体系运动研究委员会"(The Committee on the Working of the Monetary System)在1959年的"拉德克里夫"报告中提出,除了银行和其他金融机构的存款外,政府或大型企业发行的短期债券,同样具有资产性和流动性(即具有储藏价值和支付功能),实质上是一种延期支付工具。它们与狭义的货币相比,只有流动程度上的不同,而无本质上的差异。据此,他们给出了一个

更广义的货币界定:

$$M_4 = M_3 + L \qquad (1.2.5)$$

式中:

L——银行和其他金融中介以外的所有短期流动资产。

如果说从不同的角度看货币,货币就是一件不同的东西,那么就很难有货币界定基本内涵的确定性。这就使得基于不同货币界定下的货币基本理论和货币政策理论之间的纷争在所难免。

二、货币本质的是非

货币理论史上的货币本质观有两种代表学说:一种是货币金属论,另一种是货币名目论。从商品货币到纸币货币,传统货币理论关于货币本质观的不一致带来了另一个关于货币基本命题的是非——货币是经济系统的内生变量还是外生变量?

(一)货币及货币数量是内生变量

货币金属论者的货币本质观以货币的价值储藏功能为基础。货币金属论者认为货币是一种等同于贵金属的商品。因此,货币是有自身价值的,其价值等于其生产成本。货币只不过是一种易于携带、分割和储藏的特殊商品。所以货币是经济系统的内生变量。

(二)货币及货币数量是人为给定的

货币名目论者从货币的交易媒介职能出发,认为货币及货币数量是货币当局人为给定的。货币名目论者认为任何东西都能充当币材,所以货币本身是没有价值的,它只不过是价值的符号。因此,货币是外生于经济系统的。货币名目论的货币本质观在"凯恩斯革命"以及后来的弗里德曼"新货币数量主义"理论流行的半个多世纪中占据了绝对主流的位置。

(三) 现实中的问题

随着现代信用制度的发展,货币供给外生性理论越来越难以解释现实中出现的各种问题。人们开始怀疑货币外生观的合理性。一批被称为后凯恩斯主义的学者,在批判地承袭凯恩斯基本理论前提的基础上,又回到了货币供给内生性的观点上来。他们的代表理论可分为两类:一类理论被称为调节性内生货币供给理论;另一类被称为结构性内生货币供给理论。

1.后凯恩斯主义的调节性内生货币供给理论认为:如果银行和其他金融中介机构准备金不充足,就有可能危及整个金融系统乃至整个经济。这时中央银行必须予以调节。中央银行通过公开市场操作使其增加可得到的非借贷准备金,或者通过贴现窗口使银行获得借贷准备金。中央银行资金借贷利率的变化会引起商业银行借贷水平波动,同时准备金会自动调整以满足存款的扩张。扩张的贷款需求增加了银行借贷水平。银行借贷水平的增加导致需求存款水平的增加和货币供给——这就是后凯恩斯主义的贷款创造存款的理论。调节性内生货币供给理论的核心是:由于存在贷款需求和商业银行负债约束,商业银行贷款市场能够出清。这就是说货币供给实质上受贷款需求的影响,而贷款需求则来自于实际经济系统。

2.后凯恩斯主义的结构性内生货币供给理论认为:商业银行的资产负债管理决策和其他金融中介的组合资产决策对货币供给至关重要。商业银行持有的债券是其持有的二级准备金。商业银行可以通过出售二级准备金来融通额外借贷或资金流出需求。二级准备金的存在缓冲了在贷款需求、支票需求和定期存款需求上的变化。由于商业银行资产负债管理的重要决策之一是寻找最便宜的融资来源,因此这个决策行为相当于商业银行在它的组合资产与非银行公众组合资产之间进行一种内部公开市场操作。这种交易不改变已有的总存款准备金存量,但使银行系统能够融进更多的贷款需求资金。与此同时,利率对这种贷款需求也有重要作用。紧缩的中央银行资金市场会使商业银行提高定期存款利率,以吸引额外的资金。这就会引起需求存款向定期存款的转变。显然,资金成本和利率是受实际经济系统约束的。

我们对上述争论稍加分析便不难看清其是非所在。如果从货币的交易媒介角度出发,货币就是作为经济的外生变量而存在的。由此传统货币数量论在其交易方程式中得出:在货币流通速度 V 和交易量 T 恒定的假设下, M 决定 P,即外生的货币数量 M 决定物价水平 P。

然而,如果从货币的价值储藏角度出发,另外的学者则坚定地认为,生产成本的变化所引起的 P 的任何变化都对 M 具有相应比例的影响。因此从货币的价值储藏职能出发,货币必然是作为经济的内生变量而存在的。后凯恩斯主义也从市场的内在机制,如成本、利率等方面说明了信用货币的内生性。货币供给内生论必然得出与货币供给外生论截然相反的结论,即决定商品价值总量的因素必须也是决定货币价值总量的因素。因此,在 V 和 T 固定不变的假设下,物价水平 P 是方程中的自变量,货币供给量 M 只能是因变量,即两者的因果方向是 P 决定 M。

显然, P 与 M 的因果关系问题实质上是货币内生性和外生性这个基本概念的矛盾之争。这个争论显然是由于上述内涵不统一的货币界定所生。没有一个统一的货币本质观,必然引起许多货币理论重要概念歧义,也就难免引起各种货币政策理论的是非纷争。

三、货币地位的是非

货币地位之争是贯穿整个货币理论发展史的另一个是非纷争。在此,我们对这部论战史的四个横截面分别予以审视:货币自然观、货币财富观、货币面纱观、货币经济观。

(一)货币自然观

公元前5世纪至公元14世纪,是经济学史上的前资本社会。这个时期的主要生产活动和经济活动是以生产单位的家庭、奴隶主庄园、封建庄园主的经营管理为特征。由于这个时期已经出现了一些资本主义社会的经济现象,如最初的商品生产、贸易、货币生息资本等,因此也出现了如亚里士多德这样的思想家。这群古代和中世纪的思想家基于当时的自然经济和简单的商品交换关系,几乎都持货币自然观。货币自然观把货币看成是简单商品交换关系中的价值尺度和流通媒介。他们认为这种只起价值尺度和流通媒介作用的流通形式是正常的,而作为流通目的的流通形式是违反自然和不合理的。显然,货币自然观认为货币只是一种便利贸易的手段,不是一个实际经济变量。

(二)货币财富观

15世纪至17世纪,货币财富观取代货币自然观占据主流地位。这一时期重商主义学者的理论,如威廉·配第、亚当·斯密、伽斯巴罗·斯加卢非、马里亚约、柏赫等,是货币财富观的重要代表。他们将货币看成是贵金属,认为一个国家富裕和发展程度的标准是看它拥有的货币量,而推动一个国家经济发展的根本动力就是积累货币。他们强调对外贸易是国民财富的直接源泉,要"使货币周转以带回更多的货币"。

在这种"重金主义"或"货币主义"学者的眼中,货币不仅是宝藏,而且是可以使货币增值的资本。因此,货币是与一国经济发展息息相关的重要经济因素。

(三)货币面纱观

17世纪至20世纪30年代初,是货币面纱观最为流行的时期。货币面纱观认为经济系统是物物交换的实物经济。货币在这个系统中只不过是一种交换手段,就像罩在实物经济上的一层面纱,不对经济产生任何实质性影响。在货币面纱观基础上形成的传统货币数量论也成为这个时期最有影响的货币理论。

(四)货币经济观

20世纪30年代以来,货币理论史的发展尽管经历了"凯恩斯革命"、"弗里德曼反革命"、"后凯恩斯主义的兴起"等这种针锋相对的论战,但并未阻碍货币经济观日渐成为这个时代的主旋律。货币经济观认为经济系统中的一切活动都是通过货币实现的,因此货币对经济活动及结果起着决定性作用。后凯恩斯主义的主要理论学说几乎都是基于这个前提。

至此,我们看到,货币的"中性"与"非中性"之争贯穿整个货币理论发展史。强调货币交易职能的货币数量论认为货币只是一层"面纱",不对实际经济产生影响(至少对长期经济没有影响),因此得出货币"中性"的理论结论。而凯恩斯理论及后凯恩斯理论从货币的资产属性角度出发,认为货币对经济有着非常重要的影响,并得出货币"非中性"的理论结论。不同的理论结论又导致了完全不同的政策主张。货币数量论从货币"中性"出发,得出"无为而治"的政策主张。凯恩斯主义则从货币"非中性"出发,得出"相机抉择"的政策主张。由此,形成了传统货币理论中一系列观点迥异,甚至是针锋相对的多种学说及流派。

传统货币理论没有能够给出关于货币在经济中的地位这个基本概念的准确内涵,造成各家学派截然不同的理论,甚至是相互矛盾的政策理论。显而易见,传统货币理论关于基本概念内涵的是非,是造成贯穿整个传统货币理论发展史一系列矛盾争论的直接原因。

第三节 货币数量的反诘

货币数量始终是传统货币理论探讨的核心问题,然而也是传统货币理论中一个不得其解的概念性反诘。

一、概念逻辑的反诘

如前所述,货币被同时赋予了价值尺度和交易媒介双重职能。就价值尺度而言,其代表性特征是恒定性。从这个概念逻辑上讲,货币的总量是没有意义的。我们知道,"公斤"表示 $1dm^3$ 纯水 $4℃$ 时的重量,"米"表示通过巴黎的地球子午线全长的四千万分之一。人们用"公斤"度量重量,用"米"度量长度,也用"货币"量度价值。它们的共同特征是具有恒定的单位量。尽管它们都有最初的实物定义,但它们本身并不是实物。正如新货币经济学家罗伯特·霍尔(Robert Hall)一针见血指出的那样:计量价值单位数量,如同问世界上有多少"公斤"或多少"米"一样荒唐。

作为"交易媒介"的载体,货币具有实物性和可分割性的特征。这就意味着无论是从货币需求还是从货币供给的角度,准确计量这种"媒介载体"的数量都是必要的。

"尺度"是一个不可计量的概念,而"媒介"数量是一个要求计量的概念。当货币集"价值尺度"和"交易媒介"两项职能于一身的时候,就出现了货币数量这个悖论性概念。这就意味着如果要确定作为交易媒介的货币数量目标,就必须放弃货币作为真正意义的价值尺度——失去固定性;反之,承认价值尺度的天然稳定性,货币数量就失去了意义。正是这个概念逻辑上的反诘导致了后来一系列货币政策的矛盾相争。

二、数量关系的反诘

现代货币数量论的代表弗里德曼提出,价格是把名义货币数量与实际货币数量联系起来的桥梁,名义货币数量除以价格指数等于实际货币数量,而实际货币数量乘以价格指数就等于名义货币数量。弗里德曼在价格、名义货币数量、实际货币数量三者之间建立了这样一种数量关系。

我们知道,价格是货币的单位价值,是将货币当成价值尺度时的特性。货币数量是将货币当成交易媒介时的概念。如果一个载体的两个并列属性之间存在互为否定条件的机理,就必然会产生概念上的反诘。

假设货币的单位价值(价格)是确定的,名义货币数量就应该等于实际货币数量。显然,弗里德曼在此假设价格是波动的,名义货币数量与实际货币数量是有差异的。也就是说,这个数量关系的基础是否认货币作为价值尺度的天然恒定特征,而认为价格稳定的必要条件是货币供给量与货币需求量相等。事实上,外生的货币供给量与内生的货币需求量背离是经济系统的常态。因此,货币这把价值的尺子也只能伴随这种背离不断伸缩。

显然,在这个数量关系中,人为控制的名义货币供给量是关键,它决定了与实际货币需求量的关系,决定了价格的稳定程度。因此，弗里德曼最终给出了一个几乎无奈的"单一规则"货币政策。

货币经济史告诉人们，任何规则下的名义货币供给量，都无助于货币向"稳定的价值尺度"回归。价格的不断波动误导人们的预期，引起经济波动。货币数量变动对经济系统的扰动（至少在短期内）已是不争的事实。而以货币数量为中心的货币政策，也在一轮接一轮的通货膨胀、经济萧条、经济滞胀中宣告失败（发达经济几乎彻底放弃了货币数量目标）。可见，货币数量概念，无论是从机理还是从政策的角度，都是一个矛盾性的内涵概念。

面对货币数量的概念性反诘，西方新货币经济学者指出：货币的多重职能并非天然演进的结果，而是由政府颁布的法律制度所造成，是人为的是非。这种人为的是非决定了传统货币理论基础与身俱来的矛盾。因此，取消"法律限制"，分离货币职能是彻底消除货币概念困惑的惟一途径。

本章从货币定义、货币内涵和货币数量三个方面，分析了传统货币理论关于货币基本概念的矛盾。西方新货币经济学家一针见血地指出："他们各自心目中的'货币'并不是一回事。"如果将货币理论建立在一个有争议的"货币"概念之上，其理论体系的内在矛盾也就在所难免了。

第二章

货币理论的尴尬

在这一章中,我们将20世纪80年代以前的主流货币理论通称为传统货币理论。传统货币理论发展史是一部论战史。论战的实质是传统货币理论两个基本命题的矛盾相争:一是由货币理论与一般经济理论不相容所引发的对货币理论微观基础的质疑;二是货币理论体系内的两个对立前提之争,即货币市场是否存在自动出清机制。因此:"瓦尔拉 — 希克斯 — 帕廷金传统"和"传统货币数量论 — 凯恩斯革命 — 货币主义的复兴"构成了传统货币理论发展史的两条主线。我们将沿着这两条线路探讨货币理论微观基础和货币市场出清机制问题。

第一节 瓦尔拉均衡与货币均衡

在传统经济理论中,统一的经济体被分割成实物面和货币面两个相对独立的层面,经济学也因此分为价格理论(一般经济理论)和货币理论两个独立的理论体系。以瓦尔拉均衡模型和萨伊同一性为代表的价格理论,是以经济体的实物面为基础的。价格理论研究商品的供求与商品相对价格的关系以及均衡产量、均衡价格的决定问题,即商品的需求函数问题。以货币数量论为代表的货币理论,则以经济体的货币面为基础,研究货币数量与绝对价格水平的关系以及绝对价格水平的决定问题,即货币的需求函数问题。

货币在价格理论中没有位置。商品市场即实物经济系统自动均衡。货币理论认为,外生的货币供给量能够影响商品的绝对价格水平,那么在货币供给与商品市场之间就存在某种联系。因此,试图将货币理论与价格理论协调统一起来。为了分析两种理论结为一体的困难,我们有必要从分析瓦尔拉一般均衡理论入手。

一、瓦尔拉均衡模型的表述及内涵

瓦尔拉均衡模型的核心思想是:人们在集市开始时,带着自己的一组物品进入市场交易。假定进入市场的物品 A 与物品 B 的总量相似,而拍卖人叫出的一组价格使 A 相对于其他物品的价格大大低于 B 相对于其他物品的价格。于是市场上就产生了对 A 的过度需求和对 B 的过剩供给。这时,拍卖人就会相应调整喊价,叫出一组新的相对价格。这样,存在过度需求的物品 A 价格上升,存在过剩供给的物品 B 价格下降。这组新的价格又引起物品 C,D,E…的过度需求或过剩供给。于是这第二组相对价格又会被取消,继而叫出第三组相对价格……这个过程持续往复,直至到达最后的一组相对价格。这组相对价格使每种物品的过度需求和过剩供给都等于零。这组价格就是一组均衡价格。只有当市场达到均衡价格时,交易契约才会被兑现。因此,均衡价格被定义为一组使参与市场交易的每种物品的过度需求和过剩供给为零的相对价格。

瓦尔拉均衡原理的数学模型表述如下：
因为

1. $X_{ia}^{XD} = X_{ia}^{D} - \overline{X}_{ia}^{S}$ (2.1.1)

式中：

X_{ia}^{XD}——个人 a 对物品 X_i 的过度需求；

X_{ia}^{D}——个人 a 对物品 X_i 的计划需求；

$\overline{X}_{ia}^{S}$——个人 a 已经拥有的 X_i 物品的供给。

2. $X_{ia}^{XS} = - X_{ia}^{XD}$ (2.1.2)

过剩供给定义为负值的过度需求。

在(2.1.1)式中，若 $X_{ia}^{D} < \overline{X}_{ia}^{S}$，则 $X_{ia}^{XD} < 0$，即 X_{ia}^{XD} 为负值，也就是说个人 a 有过剩供给 X_{ia}^{XD}。所以，过剩供给可以定义为负值的过度需求。

3. $\sum_{a=1}^{n} X_{ia}^{XD} = \sum_{a=1}^{n} X_{ia}^{D} - \sum_{a=1}^{n} \overline{X}_{ia}^{S}$ (2.1.3)

若全社会的人数为 n，社会对物品 X_i 的总过度需求就等于所有个人过度需求与过度供给的代数和。

4. 简化(2.1.3)式得

$X_i^{XD} = X_i^{D} - \overline{X}_i^{S}$ (2.1.4)

上式表示：在集市开始时，社会对物品 X_i 的总拥有量为 $\overline{X}_i^{S}$。当拍卖人叫出一组相对价格时，若人们希望占有或消费的总量 X_i^{D} 大于 $\overline{X}_i^{S}$，就存在那一组价格下物品 X_i 的总过度需求。

所以，瓦尔拉均衡模型的第一种表述：

$\sum_{i=1}^{n} P_i X_i^{XD} = \sum_{i=1}^{n+1} P_i X_i^{XS}$ (2.1.5)

或

$$\sum_{i=1}^{n+1} P_i X_i^{XD} = \sum_{i=1}^{n} P_i X_i^{XD} + \sum_{i=1}^{n+1} P_i X_i^{XS}$$
$$= \sum_{i=1}^{n} P_i X_i^{XD} + (-1) \sum_{i=1}^{n+1} P_i X_i^{XD}$$
$$= 0 \qquad (2.1.6)$$

上述定律说明:在一组特定的相对价格下,如果某些市场(n个市场)存在总过度需求,那么,至少在另一个市场上($n+1$)存在相同量的过剩供给。如果用货币价格来表示过度需求与过剩供给的价值,那么,这些过剩供给的总价值等于过度需求的总价值。或者说:因为过剩供给可以定义为负值的过度需求,所以整个市场 $n+1$ 上的过度需求等于 n 个市场上的过度需求与 $n+1$ 个市场上过剩供给的总和。

瓦尔拉均衡模型的第二种表述:

因为

$$P_{n+1} X_{n+1}^{XS} = \sum_{i=1}^{n} P_i X_i^{XD}$$

所以

$$P_{n+1} X_{n+1}^{XD} = (-1) P_{n+1} X_{n+1}^{XS}$$
$$= - \sum_{i=1}^{n} P_i X_i^{XD} \qquad (2.1.7)$$

由于货币价格 P_{n+1} 等于1,上式可写为

$$X_{n+1}^{XD} = - \sum_{i=1}^{n} P_i X_i^{XD}$$
$$= \sum_{i=1}^{n} P_i X_i^{XS} \qquad (2.1.8)$$

或

$$\sum_{i=1}^{n} P_i X_i^{XD} + X_{n+1}^{XD} = 0 \qquad (2.1.9)$$

瓦尔拉均衡模型的第二种表述说明:对货币的过度需求

等于所有其他市场上名义过剩供给的总和。

至此,瓦尔拉均衡模型两种表述的内涵可归纳如下:

第一,形成于连续往复"喊价"过程的均衡价格是一组相对价格(不是绝对价格)。所谓均衡价格是市场出清时的价格,即所有交易者都能出售他们想要出售的全部物品和购买他们想要购买的全部物品。只有当市场的均衡价格形成之时,实际交易才得以进行。在此之前的叫价只是以一种尚未兑现的契约形式存在。瓦尔拉均衡模型由此被称为"契约模型"。"整个市场上过度需求与过剩供给的总额必定为零。"由于不存在买卖行为在时间上的分离,也就不存在货币绝对价格对市场均衡价格的影响,所以货币在整个交易过程中不起任何实质性作用。

第二,瓦尔拉均衡模型认为,某人 a 带着他所拥有的几种物品和货币进入市场交易的总价值是:$\sum_{i=1}^{n} P_i \overline{X}_{ia}^S + \overline{X}_{(n+1)a}^S$;在市场交易中,交易人对物品和货币需求的名义总价值是:$\sum_{i=1}^{n} P_i X_{ia}^D + X_{(n+1)a}^D$;在交易结束时市场出清。他所换得的物品和持有的货币名义总价值等于他最初拥有的物品和货币的价值量:$\sum_{i=1}^{n} P_i X_{ia}^D + X_{(n+1)a}^D = \sum_{i=1}^{n} P_i \overline{X}_{ia}^S + \overline{X}_{(n+1)a}^S$。因此,瓦尔拉均衡模型中的货币,是一个被借用来表示个人预算限制的名义价值计量单位,并非一个独立的经济变量。

第三,如果我们把上述个人预算限制加总求和,就得到预算限制的一般表达式:$\sum_{i=1}^{n} P_i X_i^D + X_{n+1}^D = \sum_{i=1}^{n} P_i \overline{X}_i^S + \overline{X}_{n+1}^S$;若将该式两边同时减去 $\sum_{i=1}^{n} P_i \overline{X}_i^S$,则等式右边第一项

变为零,等式左边第一项根据定义变为社会对物品 X_i 的过度需求 $\sum_{i=1}^{n} P_i X_i^{XD}$。这样,交易结束时,社会对物品 X_i 的过度需求为:$\sum_{i=1}^{n} P_i X_i^{XD} = 0$;如果将上式两边同时减去 $\overline{X}_{n+1}^{S}$,则社会对物品 X_{n+1} 的过度需求为:$X_{n+1}^{XD} = 0$。显然,这里代表货币的第 $n+1$ 种物品,被视为同质于其他 n 种物品。因此,瓦尔拉均衡模型中的货币只不过是进入市场交易的物品之一。由此,瓦尔拉均衡模型被称做物物经济均衡模型。

第四,由 $\sum_{i=1}^{n} P_i X_i^{XD} + X_{n+1}^{XD} = 0$(瓦尔拉均衡模型第(2.1.9)式),可得 $X_{n+1}^{XD} = -\sum_{i=1}^{n} P_i X_i^{XD} = \sum_{i=1}^{n} P_i X_i^{XS}$。该式表示:需求受最初财富拥有量的限制,即市场的既定供给决定需求,局部市场上对某些物品的过度需求,总会被另一些市场上对另一些物品的过剩供给抵消。因此就整体而言,物品市场上不存在过度需求。瓦尔拉均衡模型由此奠定了自由市场价格理论的重要基础。

二、货币数量论表述及内涵

以研究货币供给量与绝对价格水平变动关系为核心的货币数量论,是一种最有影响,发展得最为充分的货币理论。一般认为真正意义上的货币数量理论产生于 16 世纪末,法国律师让·博丹和意大利人达凡茶铁是较为系统的货币数量理论创始人。货币数量论历经了 17 世纪末"货币论战",19 世纪初"金块论"与"反金块论"论战,"通货主义"与"银行主义"论战,以及洛克、休谟、李嘉图、穆勒、奥维尔斯顿等重要学者的传承,直至 19 世纪末 20 世纪初两个经典方程的提出。费雪现金交易数量论,即交易方程式,和马歇尔、庇古现金余额数量论,即剑桥方程式,被认为是货币数量理论体系建立的重要标志。作为货币经济关系的基本表达式,它不但决定性地规范了各种货币理论学说的基本框架,即在均衡条件下,个人、企业和政府的经济行为总会使方程式的两边相等,并且融合到现代货币数量理论中得到进一步发展。在此,我们将对货币数量论的代表理论——交易方程式、剑桥方程式以及现代货币数量论的表述及内涵进行探讨。

(一) 交易方程式

美国经济学家欧文·费雪于1911年出版了货币理论史上第一部货币数量论的著作——《货币的购买力》。在这本书中,费雪对货币数量论进行了全面的论述和历史的验证,并得出了"精密的货币数量原理"。

费雪认为决定一般物价水平的因素主要有三个:流通货币的数量;流通率(货币交换商品的年平均次数);交易量(货币购得的货物数量)。他将这三个因素之间的关系用一个方程式表示出来,这就是交易方程式:

$$MV = PT \qquad (1.1.1)$$

式中:

M——一年中流通货币的平均数量;

V——一年中货币交换商品的平均周转次数或流通率;

P——一年中所交易的各种物价的加权平均数或一般物价;

T——一年中各类商品的交易总量。

费雪对这四个变量之间的关系解释如下:

1. M(货币量)。费雪认为:"在过渡期中,M的增加不仅发生对各个P的影响,而且发生对方程式中各个分子的影响。"他认为,在常态下,货币量的增加,能引起银行存款成正比例增加,甚至超比例增加。货币和存款(广义的货币,即费雪定义的 $M+M'$)数量的增加,使物价上涨,货币的购买力下降。

2.V(流通率)。费雪认为,流通率的变动与增加(或减少)货币相同,因此流通率的变动会对方程式中各个因子产生影响。

3.T(交易量)。方程式中交易量 T 的增加最终会导致流通货币量和银行存款量的增加,反之亦然。交易量对流通率的影响分为三种情况:(1)人口密度不大时,交易量增加会使流通率增加;(2)人口密度增加时,交易量增加会使流通率略微增加;(3)因个人交易量或各类居民交易量分配变化而引起的交易量变动时,流通率会有相应变化。

4.P(一般物价)。一般物价在费雪的方程式中是一个因变量。它受其他所有因子的影响。(1)若方程式中其他因子不变,则一般物价水平 P 与交易量 T 呈反向变动,且凡是能影响交易量的因素,都能通过交易量的变化影响一般物价水平,如:生产分工、技术、资本量、消费欲望等。(2)若方程式中其他因子不变,则一般物价水平 P 与流通速度 $V+V'$(银行存款流通率)同向变动,且凡是能影响流通速度的因素,都能通过流通速度的变化影响一般物价水平,如:个人使用货币习惯、支付制度、人口密度、交通便利程度等。(3)若方程式中其他因子不变,则一般物价水平 P 与货币量 $M+M'$ 同向变动,且凡是能影响货币量的因素,都能通过货币量的变化影响一般物价水平,如:货币输出和输入、铸造和熔化货币、货币制度、银行制度等。

费雪对交易方程式中各因子之间关系的概括是:"……平时均价是交易方程式中其他各分子的结果;在这些分子

中,存款多半受货币的影响,它们有一定的常比,这个比例多半受交易量的影响;两个流通率亦多半受交易量的影响;M、M'、V、V'及各个Q等分子又是方程式以外无数影响它们的原因的结果。"①

因此,我们可将交易方程式的基本含义归纳为:在商品经济条件下,一定时期内流通中的货币总量必然与流通中的商品交易总额相等。在这个交易方程中,货币只有一种职能,这就是流通手段或交易媒介。人们手中的货币最终会全部支出。货币数量的增加必然会引起支出量的增加。因此货币数量(支出量)和商品交易量的货币总值一定相等。于是就有了费雪所说"在货币的流通速度与商品交易量不变的条件下,物价水平随流通货币数量的变动呈正比例地变动"的货币数量约束机制。

(二)剑桥方程式

英国经济学家阿尔弗雷德·马歇尔在1923年出版的《货币信用与商业》一书中系统地阐述了现金余额理论。马歇尔现金余额理论界定的基本概念可概括为三点:(1)货币包括政府所发行的一切硬币和纸币,即:货币 = 硬币＋纸币＋银行券＋存款。因此,货币有两种职能:当场买卖的交易媒介和表明一般购买力的数量。(2)人们需要货币主要不是为了货币本身,而是因为有了货币,就掌握了一种方便的一般购买力。(3)货币流通速度是随着一国居民认为手头应该保有的购买力数额的变动而变动的。因为一国通货的总价值有与一国保有的购买力总额相等的倾向,所以,其他条件不变,人们愿意以通货形式保存其资源的比例愈小,货币的流通速度就

---

① 费雪:《货币的购买力》,商务印书馆,1934年版。

愈快,流通中的货币就愈多,与流通中货币两相对应的物价就呈比例上升。这就是说,只有在考虑了一国保有的购买力总额不变的条件下,才有一国通货数量增加,每一单位通货价值降低的关系存在。交易方程式——$MV = PT$ 这个恒等式没有说明决定货币流通速度的原因。

可见,马歇尔强调持有货币量(现金余额)的变化对货币流通速度,进而对货币价值和一般物价的影响。马歇尔的学生庇古在《货币的价值》一文中,用一个方程式表述了马歇尔的现金余额理论。因两人都是"剑桥学派"的代表,所以该方程式被称做剑桥方程式。剑桥方程式表示如下:

$$M = kPy \qquad (1.1.2)$$

式中:

M—— 货币平均数量;

y—— 国民收入;

P—— 一般物价水平;

k—— 全部名义收入中人们愿意以货币形式保有的比例,即现金余额的数量。

剑桥方程式表示:货币供给无论大于或小于货币需求,都会因 k 的存在而得到调整。只有在充分就业的假设前提下,y 在短期内不变,k 也是稳定不变的,P 才与 M 作同方向、同比例的变动。这时的剑桥方程式和交易方程式得到相同的结果,即令 $k = 1/V$,$M = kPy$ 与 $MV = PT$ 的结果相同。

剑桥方程式与交易方程式有三个方面的重大区别:(1) 交易方程式将货币看成是交易的媒介,而剑桥方程式则强调货币作为一般购买力暂栖所的功能。因此,前者论述的是"飞起来的货币",后者则论述的是"坐下来的货币"。(2) 交易方程式将货币定义为凡是在债务清偿中用做交易媒介的东西。剑桥方程式中的货币则包括不能用支票转让的活期存款和定期存款等购买力的暂栖所。(3) 交易方程式强调支付过程,如:支付方法、交易的财务安排、通信和交通运输的速度等。剑桥方程式则强调影响货币作为资产的诸因素,即持有现金而不是持有其他资产所带来的成本和收益等。所以交易方程式是一种货币供给理论,而剑桥方程式则被视为最早的货币需求理论。

(三) 现代货币数量论

传统货币数量论在20世纪的30～40年间,受到瑞典经济学家克尼特·维克赛尔的积累过程理论和英国经济学家约翰·梅纳德·凯恩斯具有革命性理论的强有力挑战。但维克赛尔关于"货币因素对均衡的实现起着至关重要的作用"的货币均衡理论,以及希克斯对凯恩斯理论所作的 IS-LM 概括,即在充分就业均衡下,增加货币供应量,只是使货币价格水平提高的观点,都仍然是典型的货币数量决定价格水平的货币数量论。

1965年,美国经济学家米尔顿·弗里德曼发表的《货币数量论——一种重新表述》一文,是现代货币数量论的标志。弗里德曼在综合剑桥方程式和凯恩斯流动性需求函数的基础上,提出了现代货币数量论的货币需求函数:

$$k = M/Py = [f(Y, w, r_m, r_b, r_e, 1/p \cdot dp/dt, u)]/Y \quad (2.1.10)$$

弗里德曼的这个货币需求函数被视为现代货币数量论的代表理论。弗里德曼在这个函数中提出:

- 尽管函数中的国民收入 y 不是充分就业假定下的一个固定常量,但它代表恒久国民收入。因恒久国民收入只受外部因素影响,如自然资源、科学技术、人口等,故是一个稳定的变量。

- 进入函数的价格 P 不是现期价格 P_0,而是恒久价格 P_p,也是一个稳定的变量。
- 尽管 k 不是一个固定不变的常量,但它是括弧中这些变量的一个稳定函数。

因此,将(2.1.10)式化简,即可写成:

$$M/P = ky \qquad (2.1.11)$$

(2.1.11)式与传统货币数量论的剑桥方程式完全一致。只是在弗里德曼的货币需求函数中,经济体系中的货币需求不受实际收入和现期价格水平波动的影响,而受预期的恒久收入和恒久价格的影响。由于存在稳定的恒久收入和恒久价格,所以货币需求 K 也是稳定的。因此货币数量的变化最终(长期内)只影响价格(名义量),不影响收入(实际量)。可见,弗里德曼得出的是典型的传统货币数量论的结论。

随后,弗里德曼和安娜·施瓦兹于1963年出版了《美国货币史:1867～1960》一书。在这本书中,他们通过对美国货币史的实证发现,广义货币 M 的供给数量与高能货币 H、存款准备金比率 D/R、存款通货比率 D/C 三个因素有关。而这三个因素反映的是经济系统中三个部门的行为:高能货币反映货币当局的行为;存款准备金比率反映银行体系的行为;存款通货比率反映企业和居民的货币行为。因此,他们将货币供给量与这三个因素之间建立起一个货币供给方程式:

因为

$$M = C + D \qquad (2.1.12)$$
$$H = C + R \qquad (2.1.13)$$

$M/H = (C+D)/(C+R)$
$\quad = [D/R(1+D/C)]/[(D/R)+(D/C)] \qquad (2.1.14)$

所以

$M = H \cdot [D/R(1+D/C)]/[(D/R)+(D/C)]$
$\qquad\qquad\qquad\qquad\qquad\qquad (2.1.15)$

第(2.1.15)式就是货币供给方程式。在这个方程式中，H是高能货币，$[D/R(1+D/C)]/[(D/R)+(D/C)]$是货币乘数。货币乘数的大小决定于$D/R$和$D/C$的比率。方程表示，一个经济的货币供给量是由$H$、$D/R$和$D/C$这三个因素共同决定的。如果$D/R$和$D/C$不变，高能货币总量的任何增长都将导致货币存量的同比率增长。同样，如果高能货币不变，D/R和D/C比率的变化都将导致货币供给量同方向变化。

菲利普·卡甘在弗里德曼和施瓦兹研究的基础上，提出了自己的货币供给方程。卡甘以通货与货币总量比率C/M代替弗里德曼的存款现金比率D/C，以存款准备金比率R/D取代存款与准备金比率D/R。他认为，这样方程中的货币乘数就有了更加稳定的规律可循。

弗里德曼和施瓦兹的研究以美国的货币供给为对象，用实证方法推导出货币供给方程。他们的著作是一种历史研究。卡甘则检验了各决定因素在货币存量的长期性增长和货币存量增长率的周期变化中所起的作用，并由此推导出自己的货币供给方程。他的著作是对影响货币供给因素所作的数量研究。因此，他们的研究是互补性的。

显然，货币数量理论，无论是传统货币数量论还是现代货币数量论，都是以货币数量为中心，阐述货币数量对绝对价格水平影响的理论体系。

三、瓦尔拉均衡与货币均衡的不相容性

不可否认的事实是，人类社会生存于一个统一的经济体。从逻辑上讲，解释这个经济体运行规律的理论也只能是

一个统一的体系。然而,当我们试图把价格理论和货币理论结合到一个模型中时,却得出了两个性质截然不同的方程。

- 根据货币数量论的代表——剑桥方程式: $M^D = kPy$,若将方程两边同时减去 M^S,则得到名义货币余额的过度需求方程式:

$$M^{XD} = kPy - M^S \text{(货币数量论)} \quad (2.1.16)$$

- 根据瓦尔拉定理,货币的过度需求函数是第 $n+1$ 种物品的过度需求函数。用方程式表示为

$$M^{XD} = -\sum_{i=1}^{n} P_i X_i^{XD} \text{(瓦尔拉定理)} \quad (2.1.17)$$

显然,由货币数量论得到的方程(2.1.16)和由瓦尔拉定理得到的方程(2.1.17)是两个不同的方程式。在方程(2.1.17)中,瓦尔拉货币过度需求函数是绝对价格水平的一阶齐次函数,即货币的过度需求与绝对价格水平同比例变动。换言之,由瓦尔拉物品市场方程式的齐一性假设可知,当所有商品的货币价格都增加1倍时,商品的相对价格体系不变。因此,对商品的过度需求不变,即方程式右边的 X^{XD} 不变。当货币价格 P_i(绝对价格水平)增加1倍时,对名义货币余额的过度需求 M^{XD} 也随之增加1倍。

而在方程(2.1.16)中,货币数量论的货币过度需求函数是绝对价格水平的非齐次函数。P 的变动会引起 M^{XD} 的变动,但不是同比例变动。因为这时只影响了货币需求 kPy,并不影响货币供给 M^S。所以方程(2.1.16)中,对货币的过度需求函数不是绝对价格水平的一阶齐次函数,甚至不是它的任何一阶的齐次函数。

20世纪60年代后,经济学界较一致地认为,货币理论与价格理论的不相兼容问题,是由货币理论缺乏微观基础所致。

四、对传统货币理论微观基础的质疑

经济理论史上的"两分法"现象导致货币理论微观基础饱受质疑。试图将货币理论放进价格理论框架的努力,构成了货币理论发展的第一条主线。这就是"瓦尔拉—希克斯—帕廷金"传统体系的确立。

(一)瓦尔拉定理

1. 瓦尔拉定理将货币视为第 $n+1$ 种物品,即货币与其他 n 种物品同值,都是进入市场待交易的物品。

2. 包括物品和货币在内的最初财富拥有量给定了市场交易中的需求量,即既定供给决定需求。因此"瓦尔拉定理是源于预算约束的一般均衡体系中过度需求方程组之间的相互依赖关系的表达方式"。

3. 决定物品需求的不是绝对价格水平,而是既定供给约束下的物品相对价格。因此物品的需求与过度需求函数是货币价格或绝对价格水平的零阶齐次函数。这种物品需求与绝对价格水平之间的"齐一性假设"与"萨伊同一性"一致。由此,物物交换经济是瓦尔拉定理的必要条件。

4. 瓦尔拉均衡模型对商品市场上相对价格决定体系作了精辟的描述,但没能给出绝对价格水平的决定机制,因此它是物物交换经济的一般均衡模型,称为价格理论。

(二)希克斯的综合

经济理论史上的"两分法",是指将一个统一的经济体分割成产品和货币两个互相独立的市场,并由此建立起两套不能兼容的独立理论体系现象。因此,要将两套理论统一起来,首当其冲的问题就是要使两个市场联系起来。英国经济学家希克斯在总结、修正、综合凯恩斯收入支出理论的基础上,第一次以一种简化的数学模型形式,将产品市场和货币市场联

第二章 货币理论的尴尬

系到一起,再现了凯恩斯关于经济的均衡决定于产品市场与货币市场同时均衡的思想。他在 1937 年发表的《凯恩斯与古典学派》①一书中,提出了著名的 IS-LL 模型。后来,经过美国经济学家汉森在《货币理论与财政政策》一书中对该模型的精辟说明和解释②,两人共同建立了著名的"希克斯-汉森(IS-LM)模型"。希克斯-汉森(IS-LM)模型的理论贡献在于探讨了将商品市场与货币市场联系起来,并使两个市场同时达到均衡的条件。

1. 商品市场的均衡。从商品市场来看,储蓄 S 与收入 Y 正相关,投资 I 与存款利率 r 负相关,储蓄等于投资是商品市场均衡的必要条件,因为只有在这一条件下,才能使商品市场的供给与需求一致(见图 2-1)。

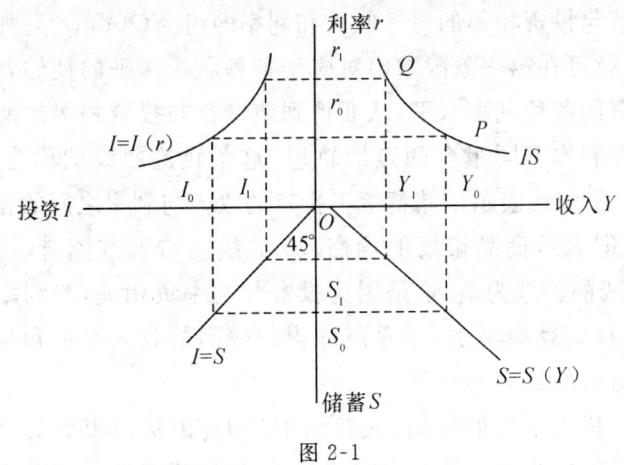

图 2-1

---

① 该文原载于《经济计量学杂志》(英),1937 年第 5 期,第 147～189 页。
② 参见汉森:《货币理论与财政政策》,1949 年英文版,第 27～81 页。

在图 2-1 中,第二象限表示投资函数:$I=I(r),dI/dr<0$,故投资 I 与利率 r 成反比关系。第三象限的 45°角对角线表示商品市场的均衡条件:$I=S$。第四象限表示储蓄函数:$S=S(Y),dS/dY>0$,故储蓄 S 与收入 Y 成正比关系。第一象限表示收入 Y 与利率 r 之间的关系。在开始时,这一象限是空白的。

若收入水平为 Y_0,则根据储蓄函数 $S=S(Y)$,可得到储蓄量为 S_0,根据第三象限商品市场的均衡条件 $I=S$,得知投资量为 I_0,再根据第二象限的投资函数 $I=I(r)$,得知为了使投资量为 I_0,利率就必须为 r_0。于是,当收入为 Y_0 时,使储蓄与投资相等的利率必然是 r_0,这样,就得到一个使储蓄和投资相等的收入和利率组合 $P(Y_0,r_0)$。同样,若收入为 Y_1,则可得到使储蓄等于投资的另一利率水平 r_1,因而就又得出了使储蓄与投资相等的另一收入和利率的组合 $Q(Y_1,r_1)$。如此反复,就可在第一象限求出对应于各种收入水平的使储蓄等于投资的各种利率水平,从而得到使储蓄与投资相等的所有收入和利率不同组合的点的轨迹,这条轨迹曲线就称为 IS 曲线。IS 曲线表示使储蓄等于投资的收入与利率之间的相互关系,即表示商品市场的均衡。IS 曲线向右下方倾斜,表示 IS 曲线的斜率为负,这是因为投资与利率负相关,当利率下降时,投资就会增加,于是就能得到较高的收入水平和与收入相对应的较多的储蓄。

2.货币市场的均衡。在货币市场上,由货币市场的供求均衡可求出收入与利率之间的关系。按照凯恩斯的流动性偏好理论,利率决定于货币供应与货币需求相等的均衡点。货币需求 L 是收入 Y 和利率 r 的函数,其中又分为满足交易和预防动机的货币需求 L_1,以及满足投机动机的货币需求 L_2。

第二章 货币理论的尴尬

货币供应是由中央银行所决定的外生变量,设为 M。因此,货币市场的均衡条件为:$M = L = L_1(Y) + L_2(r)$(见图 2-2)。

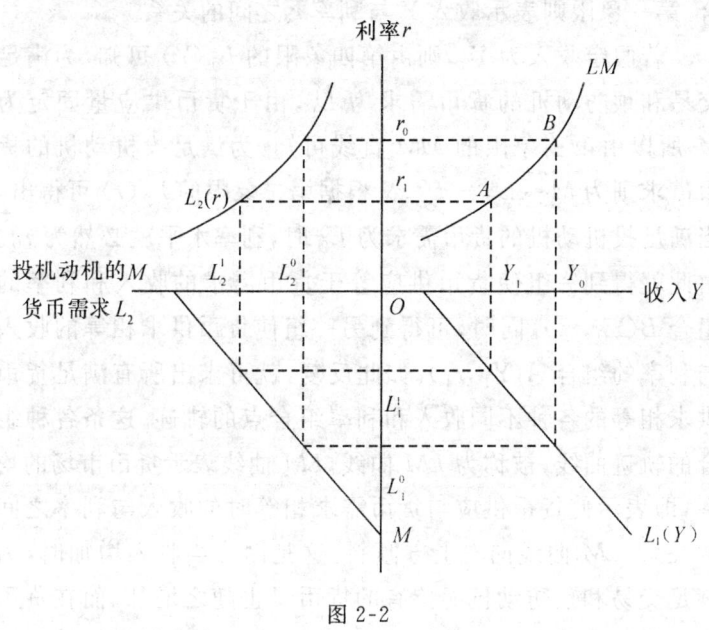

图 2-2

在图 2-2 中,第三象限的横轴代表满足投机动机的货币需求 L_2,纵轴则代表满足交易和预防动机的货币需求 L_1。第二象限描绘了满足投机动机货币需求的曲线 $L_2(r)$,因为 L_2 是利率的减函数,所以 L_2 曲线向左下方倾斜。第四象限描绘了满足交易和预防动机货币需求的曲线 $L_1(Y)$。由于 L_1 是收入的增函数,所以 L_1 向右下方倾斜。第三象限表示货币市场的均衡,即货币供应等于货币需求。由于假定货币供应固定为 M,所以用于满足投机动机货币需求的货币供应量至多只能为 M。同理,用于满足交易和预防动机货币需求的货币供

应量也以 M 为限,即图中的 OM。在第三象限中,MM 直线上的各点就表示总货币供应量 M 在投机动机的货币需求 L_2 和交易及预防动机的货币需求 L_1 之间加以分配的各种不同组合。第一象限则表示收入 Y 与利率 r 之间的关系。

若假定收入为 Y_0,则由第四象限的 $L_1(Y)$ 可知,为满足交易和预防动机的货币需求为 L_1^0。由于货币供应量固定为 M,所以由第三象限的 MM 直线可知,为满足投机动机的货币需求则为 $M-L_1^0=L_2^0$。又根据第二象限的 $L_2(r)$ 可得出,当满足投机动机的货币需求为 L_2^0 时,利率水平就必然为 r_0。由此就得到一组使货币供应等于货币需求的收入和利率的组合 $B(Y_0,r_0)$。同时,可得到另一组使货币供求相等的收入与利率的组合 $A(Y_1,r_1)$。如此反复,就可求出所有满足货币供求相等的各种不同收入和利率组合点的轨迹。这条各种组合的轨迹曲线,被称为 LM 曲线。LM 曲线表示货币市场的均衡,即表示使货币供应与货币需求相等时的收入与利率之间的关系。LM 曲线向右上方倾斜。这是因为当收入增加时,为满足交易和预防动机而持有的货币量也随之增加。而在货币供应量一定的条件下,就必须相应地减少为满足投机动机所持有的货币量。这样,利率就必须相应提高,以使投机动机的货币需求降低。

3.两市场均衡状态下收入和利率的决定。以上所导出的 IS 曲线和 LM 曲线分别代表商品市场和货币市场的均衡。但是,无论是 IS 曲线还是 LM 曲线都不能单独决定两个市场同时均衡状态下的均衡收入和均衡利率。只有商品市场和货币市场同时达到均衡,即在储蓄等于投资的同时,货币供应等于货币需求,均衡收入和均衡利率才能确定。因此,就应把 IS 曲线与 LM 曲线同时并入同一个直角坐标系内。

在图 2-3 中，IS 曲线和 LM 曲线的交点 E 所决定的收入 Y_0 和利率 r_0 就是使整个经济处于一般均衡状态的惟一的收入和利率水平。由于 E 同时是 IS 曲线和 LM 曲线上的点，因此 E 点所决定的收入 Y 和利率 r 能同时维持商品市场和货币市场的均衡，故为真正的均衡收入和均衡利率。E 则为一般均衡点，处于这点以外的任何收入和利率的组合，都要通过商品市场和货币市场的调整才能达到均衡。

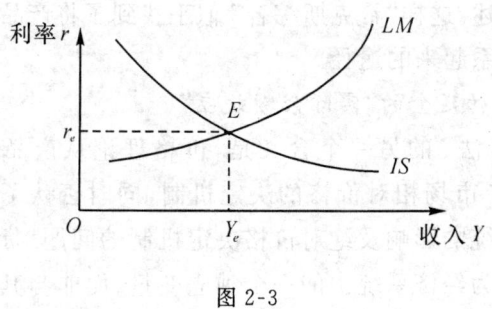

图 2-3

因此，IS-LM 模型的核心思想可归纳为：产品市场的均衡条件是储蓄与投资相等，并由此确定使储蓄等于投资的收入与利率在各个水平上的组合轨迹；货币市场的均衡条件是货币的供给和需求相等，由此可决定使货币供给等于货币需求的收入与利率在各个水平上的组合轨迹。只有一种收入与利率的组合能够满足产品市场和货币市场两个市场同时均衡的条件。这种组合中的收入与利率水平即为使经济总供给等于总需求的均衡收入与均衡利率。

"希克斯综合"的理论贡献在于阐明了产品市场和货币市场并不是两个互相独立的市场，而只是同一经济体不同均衡关系结论来源的两个不同角度，即实物角度和价值角度。

IS曲线是产品市场上满足储蓄等于投资的利率与收入水平组合的轨迹。LM曲线是货币市场供求相等的利率与收入水平的组合的轨迹。由于两条轨迹在同一坐标系中，即同一经济体所规定的利率和收入变量系统，且IS曲线斜率为负，LM曲线斜率为正，所以IS曲线和LM曲线必有一交点。这个交点是两个市场同时达到均衡的共同点，也就是统一经济体系的均衡点。后来帕廷金在四个市场均衡模型中，对物品市场、货币市场、债务市场和劳务市场之间的共同均衡，作了更精细的描述。这样"希克斯综合"似乎找到了将产品市场和货币市场联系起来的途径。

（三）帕廷金的"实际余额效应"

"两分法"的另一个含义是，价格理论从产品市场的角度，给出了市场相对价格的决定机制，同时否认了绝对价格对经济系统的影响及绝对价格决定机制的问题。货币理论则将货币视为经济系统中的一个独立变量（而非与其他实物同质）。因此，从一个独立的货币市场角度出发，给出了绝对价格水平的决定机制，但不能同时阐明相对价格的决定机制。要将价格理论与货币理论统一起来所需解决的另一个重要问题就是要建立一个既能解释绝对价格决定机制，又能说明相对价格决定机制的理论。

以色列经济学家帕廷金以"实际余额效应"说为基础，尝试建立起一个既包括货币数量论绝对价格决定机制，又包括瓦尔拉定理相对价格决定机制的统一经济模型。这个模型被称为瓦尔拉货币经济模型。

"实际余额效应"是帕廷金在借用马歇尔"备用购买力"概念基础上建立起来的一种货币理论。其中心思想可概括为：一国公众愿意以货币形态保持的实物价值称为"实物余额",根据实物余额的价值保持相应的通货数量称为"现金余额"。由"实物余额"决定的"现金余额"就是马歇尔的"备用购买力"。帕廷金将之称为"实际余额",而由绝对价格水平变动引起的实际余额变动对消费函数的影响,就被称为"实际余额效应"。因此,"实际余额效应"被定义为:物品(包括货币)的需求,不仅是相对价格和期初物品拥有量的函数,而且还是货币余额实际价值的函数。换言之,需求不仅受相对价格体系与预算限制的制约,还受到货币价值变动的影响。这样,相对价格和绝对价格就被统一到同一个需求函数方程中了。

瓦尔拉货币经济模型包括六个方程式:

1. 货币市场方程式(货币数量论):

$$M^{XD} = kPy - M^S \qquad (2.1.18)$$

2. 把货币市场和物品市场联系起来的瓦尔拉定理:

$$M^{XD} = \sum_{i=1}^{n} P_i X_i^{XD} \qquad (2.1.19)$$

3. 代表 n 个物品市场的 n 个过度需求方程式:

$$X_i^{XD} = f_i[P_1/P, P_i/P, \cdots, P_n/P, \sum_{i=1}^{n}(P_i/P)\bar{X}_i^S + \overline{M}^S/P] - \bar{X}_i^S \qquad (2.1.20)$$

式中的 $i = 1, 2, \cdots, n$。

4. 决定价格水平的方程式:

$$\sum_{i=1}^{n} \theta_i P_i/P = 1 \qquad (2.1.21)$$

5. 引入实际余额效应的货币需求函数为

$$M^D = Pf_{n+1}(y, \overline{M}^S/P) \qquad (2.1.22)$$

6. 实际余额效应下的货币过度需求函数为

$$M^{XD} = Pf_{n+1}(y, \overline{M}^S/P) - \overline{M}^S \qquad (2.1.23)$$

这个模型在综合瓦尔拉物品市场均衡模型和货币数量

论的基础上,增加了一个重要的自变量——$\overline{M}^S/P$(货币实际余额)。在这个变量中,$\overline{M}^S$为既定名义货币余额存量,P为一般物价水平,$\overline{M}^S/P$为既定的货币实际余额。它表示:在名义货币余额存量$\overline{M}^S$不变的情况下,物价水平P的变动将引起货币实际余额的反方向变动,进而引起物品的需求函数与物价水平反方向变动。例如,当物价水平上涨1倍时,货币余额的实际价值会下降1倍(其他条件不变),$\overline{M}^S/P$的减少会引起物品需求的减少。如果物品市场最初处于均衡状态,那么这种变化必将带来所有物品市场都产生过剩供给。

帕廷金建立的瓦尔拉货币经济模型,其重要意义在于:引入实际余额效应对需求函数的影响,这意味着物品的需求与过度需求不仅取决于相对价格和预算限制,还取决于绝对价格水平。

然而,模型却引出了一个理论逻辑问题:我们知道,在瓦尔拉商品市场经济均衡模型中的货币是以价格的比率进入模型的,因此物品的过度需求函数被视为P的零阶齐次函数。由于不存在货币因素对商品市场的影响,市场在相对价格机制的作用下,总是可以达到供需均衡。这种市场出清机制的存在是一般经济理论的基石。但是,在帕廷金的这个货币经济模型中,P本身是作为一个价格变量进入模型的,而且物品的过度需求函数不再是P的零阶齐次函数,甚至也不限于是P的任何一阶齐次函数。同样,根据瓦尔拉定理从物品市场方程式所得出的货币市场方程式也就不限于是P的齐次函数。这意味着在绝对价格水平变动的作用下,市场不是总能出清(至少在货币余额的实际价值恢复到原来水平之前)。因此,齐一性假设不复存在,萨伊同一性也必须被抛弃。货币数量论关于货币中性的结论在这里被彻底否定了。

但是，如果我们假设在政府政策的作用下，名义货币供给 $\overline{M}^s$ 增加 1 倍，就引起了实际货币 $\overline{M}^s/P$ 的增加，进而引起 n 个物品市场上的过度需求增加。同时，名义货币余额供给增加也引起了货币市场上的过剩供给。但在初始阶段，需求的增加会小于货币供给的增加，形成物品市场供给缺口。这就引起 n 种物品的货币价格和绝对价格水平上升。这种上升将持续到这些价格都上升 1 倍为止。这时货币余额的实际价值才恢复到原来水平，消除物品市场上的过度需求。这就是说，只有在由于物价的成倍增长所导致的名义货币余额需求成倍增长，才会抵消名义货币余额供给的成倍增长，最终消除货币市场上的过剩供给，恢复均衡。在这个过程结束时，名义货币供给的变动只造成了物价水平的同比例变动，而所有的实际变量都没有改变：实际货币余额 $\overline{M}^s/P$ 没有变，相对价格与绝对价格水平比率 $P_1/P,\cdots,P_i/P,\cdots P_n/P$ 没有变，既定的物品拥有量也没有变。由于名义货币供给的变动并不影响实际变量，因此，帕廷金货币经济模型中的货币显然是中性的。帕廷金在他的四个市场宏观经济模型中也肯定地表明，货币数量论关于货币中性的结论是成立的。

当帕廷金用实际余额效应取代萨伊同一性，建立起一个既包括货币数量论又包括瓦尔拉定律的货币经济模型时，似乎圆满解决了货币数量论与瓦尔拉均衡的矛盾，就此结束了经济理论的两分法局面。然而，当我们用这个模型来分析经济动态均衡时，就会发现，这只不过是一个包含货币在内的物品市场均衡，而不是货币经济的均衡。因为，帕廷金模型承袭了瓦尔拉模型的分析方法，货币仅仅是作为第 $n+1$ 种物品进入模型的。所以帕廷金模型最终仍然得出货币中性的结论。所以模型不是真正意义上的货币经济模型。这也是帕廷金理论矛盾的原因所在。

（四）面对"哈恩难题"

从瓦尔拉商品市场经济均衡模型出发，经过希克斯-汉森(IS-LM)模型，最后到帕廷金"实际余额效应"货币经济均衡模型，我们好像看到货币理论已经实现了和一般经济理论的融合。然而，英国经济学家哈恩却提出了一个令人尴尬的问题。这就是"没有价值(用途)的纸币，在与商品和劳务交换时如何会具有正价值？"这个对帕廷金理论的反诘，就是著名的"哈恩难题"。"哈恩难题"的关键在于，既然纸币没有内在价值，用其他商品表示的货币价格就是零。因此，瓦尔拉体系加进货币等于没有加进任何东西。这就是说，如果不能确定货币具有正的价值，帕廷金模型中的均衡就不是真正意义上的货币均衡，而仍然是一种物物交换均衡。面对"哈恩难题"，货币理论似乎仍是白卷一张。

为了解决"哈恩难题"，后来的学者试图从暂时均衡理论(General Temporary Equilibrium)和沿用理性预期均衡理论两条途径寻求答案。暂时均衡理论认为，只要经济行为主体预期在未来的交易中，纸币的实际价值为正，则在当前的交易中货币也就具有正价值[1]。理性预期均衡理论提出，只要持有货币的实际收益大致等于经济体系的总体增长率，就存在对货币作为价值储藏手段的潜在需求，纸币的实际价值就为正[2]。

---

[1] Grandmont, J. M. (1983), "Money and Value", Cambridge University Press.

[2] Grandmont, J. M. and G. Laroque (1973), "Money in the Pure Consumption Loan Model", *Journal of Economic Theory*, pp 382-395.

针对传统货币理论的这些解答,巴塞尔大学教授赫维格(Hellwig)反问道:价值储藏手段很多,其中相当一部分具有比货币更高的收益率。存在每期收益率均高于货币自身收益率的其他资产情况下,为什么没有"内在价值"的纸币在与商品和劳务交换时会具有正价值?这就是被称为"修正的哈恩难题"。赫维格认为,如果存在每期收益均以等于1的概率大于货币自身收益率的资产,且这种资产与纸币具有同样的流动性(marketability),则不可能出现纸币具有正价值的理性预期均衡①。他认为在传统货币理论框架内,没有一种理论能够解决这个问题。那么,在没有解决货币为何具有正价值的情况下,货币经济学家们所构造的这些引入货币因素的经济模型都是无本之木。至此,传统货币理论的微观基础缺损问题,成为传统货币理论一道无解的死结。

第二节 萨伊与非萨伊

萨伊(Jean B. Say)认为,货币本身并没有价值,人们拥有货币只是为了用以购买商品。人们在交易过程中,卖出商品,得到货币,这并不是目的,更不是这一过程的终止。因为人们卖出商品后得到的货币并不会长期保存,而是为了利用这些货币去购买他所需要的其他商品。正是从这个意义上,供给会自动创造它自己的需求。当把全社会作为一个整体来考察时,存在着这样一个恒等式:

商品供给 ≡ 货币收入 ≡ 货币支出 ≡ 商品需求

---

① Hellwig, Martin F. (1993), "The Challenge of Monetary Theory", *European Economic Review*, Vol. 37, p 219.

如果某一种商品的供给大于它的需求,则对其他商品的需求必然大于它的供给。因此,(1)当某种商品的供给大于需求时,其价格就将下跌,反之,其价格就将上涨;(2)如果某种商品的价格下跌,则对它的需求就会增加,供给就会减少,相反,某种商品的价格上涨,则对它的需求就会减少,供给就会增加。在这两种情况下,商品的供给和需求都会达到均衡,各种商品都能够全部销售出去。按照这个定律,有卖就有买,卖是为了买,卖了就要买,卖者得到的货币就会自动地全部转化为购买力。商品只要被生产出来了,就不愁卖不出去,也根本不会发生卖不出去的情况,即使发生了,也只是暂时的、偶然的、局部的供求脱节的矛盾,也仍然需要通过扩大生产来消除。因为根据萨伊定理,任何一种商品的生产都意味着购买力的扩大,必然会为其他商品的销售开辟渠道,从而解决偶然的供求脱节矛盾。结果,在"看不见的手"的支配下,各个商品生产者都会尽可能多地使用一切生产资源、增雇劳动力,最大限度地增加生产,使社会生产达到并稳定在充分就业状态,使实际产量达到并稳定在最高水平。在这种充分就业均衡状态的经济中,货币对真实经济不起任何作用,它只不过是一层覆盖在真实经济上面的面纱。所有商品的相对价格都由其供给和需求决定,货币不过是一个乘数因子,货币数量的增减并不会改变商品的相对价格,而只是使所有商品的名义价格同比例地上涨或者下跌。

"萨伊"还是"非萨伊",即"货币中性"还是"货币非性"是货币理论的另一个基本命题之争。它也构成了货币理论发展史的另一条主线:传统货币数量论——维克赛尔挑战及凯恩斯革命——现代货币数量论。

一、传统货币数量论

对于货币数量论者来说,萨伊定理有着重要的理论意义。从微观上说,既然实际产量是由社会实际拥有的生产资源决定的,总是处于充分就业水平上,经济学家就没有必要对总产量的决定问题进行考虑,而只需要具体研究单个商品的供求关系以及其产量和价格的决定问题,并由此考虑社会生产资源如何在各种商品生产上合理配置,使社会获得最佳资源配置效率。从宏观上看,既然实际产量是由社会实际拥有的生产资源决定的,实际产量水平就与货币数量的多少毫不相干,货币只是充当商品交换的媒介,货币数量只与一般物价水平发生直接关系,并不会影响到实际经济,货币分析与实际经济分析也就可以完全分离、互不相干。

显然,传统货币数量论者是坚定的"萨伊派",即货币中性论者。在此,我们有必要考察一下货币数量论关于货币中性的下面两个重要理论根据。

(一) 无货币幻觉

货币幻觉一词是指各种未能把名义货币价值与真实货币价值区分开来的现象。它常常被引用来指人们只对价格水平的变化作出反应,而不对价格变化率作出反应。

帕廷金否定货币幻觉所说的这种现象,提出无货币幻觉概念。他认为:"货币幻觉未能考虑到真实余额效应。事实上,所有的货币价格都上涨1倍,也必将影响居民的需求函数。"因此他对无货币幻觉作了如下定义:"对一切货币价格和最初所持资产的货币价值而言,净需求函数呈零次齐性。"帕廷金认为:"在所有非货币资产的收益率保持不变的条件下,在W中所有现期价格以及所有预期未来价格的等比例变动,不影响对真实产品的需求函数。如果未来的价格 ρ'_i 是不确定的,现期的需求就将依赖于概率分布 $F(\rho'_i,\cdots,\rho'_n)$;上述的未来预期价格的等比例变化就只能从 $F(\rho'_i,\cdots,\rho'_n)$ 改为 $F\lambda(\rho'_i,\cdots,\rho'_n) \equiv F(\rho'_i/\lambda,\cdots,\rho'_n/\lambda)$,其中,$\lambda$ 为一项比例因数。"①

希克斯从理性预期的角度对无货币幻觉作了较为详细的论证。他指出:理性的经济行为人都会认识到,名义货币成比例地变化,不会影响其购买力。这就是说:如果 U 在 $(M,\rho_1,\rho_2,\cdots,\rho_n)$ 中是零次齐性的,就可以认为它不受幻觉影响。他假定在瞬间均衡状态下,预期是固定不变的。如果预期的未来价格不与当期价格成比例,那么,$\rho_1,\rho_2,\cdots,\rho_n W$ 之间的等比例变化也会改变不同时间的相对价格。因此,对于经济行为者来说,他们作出变动需求的反应也就不是非理性的。

显然,需求函数对货币价格和初始金融资产数量的零阶齐次性是无货币幻觉命题成立的关键。它否定了名义货币数量变动对实际货币总价值的影响,否定了产生货币幻觉的合理性,从而否定了名义货币数量变动对经济的实质性影响。正如休谟所强调的:货币供给的绝对水平与该水平变化率的重要性相对照而言,是无关紧要的。

(二)T 和 V 的恒定性假设

如前所述,费雪的交易方程式是传统货币数量论建立的重要标志。费雪对"$MV = PT$"这个方程式的释义是:"在货币的流通速度与商品交易量不变的条件下,物价水平是随流通货币数量的变动而正比例变动的。"

---

① 《新帕尔格雷夫经济学大辞典》第 3 卷,北京:经济科学出版社,1996 年版。

在这个释义中:其一,费雪认为在这个方程式中,通过货币进行交易的实际量 T 是外生的,流通速度 V,取决于制度和习惯,也不依赖于方程中的其他变量而变化,所以也被假设为恒定的。因此,货币供给量的变化不改变总交易量 T 和流通速度 V,而只会引起绝对物价水平的变化。其二,由于实际产量取决于社会拥有的生产资源如人力、物力等的实际数量,在资本主义经济中,私人的自由市场机制会将所有的生产资源都进行合理配置,使其得到充分利用,经济处于充分就业水平,实际产量达到最高水平,所以"可以看做是一个常数"。因为货币供给量的变化不影响货币需求,不影响收入 Y,所以不对实际经济产生实质性影响。因此,货币是中性的。

值得注意的是:"无货币幻觉"和"T 和 V 恒定性假设"的实质是否定货币名义量与实际量之间的矛盾,否定货币供给与货币需求之间的矛盾。它为货币数量学说的货币中性论提供了重要的理论依据。然而,也正是这两个假设使货币中性论遭受到致命的批判。

二、从维克赛尔到凯恩斯革命

面对 20 世纪上半叶不断发生的生产停滞、失业增加、经济危机、市场机制失灵的现实,瑞典学派经济学家维克赛尔以"累积过程理论"向货币中性论提出了有力的挑战。

维克赛尔认为,货币并不只是罩在真实经济上的一层面纱,它对实际经济起着十分主动的作用,并且,正是货币对实际经济的主动作用才使得实际经济发生波动。

(一) 否定 V 的恒定性假设

维克赛尔认为,货币数量说的基本前提是不可靠的。其中,最不可靠的假定就是货币流通速度不变。

货币数量论者把支配货币流通速度变动的因素,看做是人们的货币需求,而人们的货币需求是完全由个人意志决定的独立变量,是较为稳定的,因此,由它决定的货币流通速度也是较为稳定的。维克赛尔认为,这种观点在简单信用经济的自由资本主义初期有一定道理。但现实经济不可能是"纯现金经济"。他认为信用凭证代替货币(现金)完成支付程序,可视为货币流通的加速。因为,必要的货币量可以设想为无限的小,而实际流通量则可以是无限的大。这就意味着,随着银行系统的金融功能日益增强,货币供给越来越倾向于能够适应其需求水平。人们不可能将货币供给与需求划分开。货币需求本身就提供了它的供给,两者的变动越来越大。货币流通速度实际上能够完全自动地扩大或收缩。在理论上它的伸缩力是没有限制的。尽管影响货币流通速度的因素非常复杂,很难把握,但有一点是肯定的,即货币流通速度是会变化的。

(二)推翻"零次齐性"假说

维克赛尔把时间因素引入静态的货币数量论中,以对货币需求的动态分析方法否定了"对一切货币价格和最初所持资产的货币价值而言,净需求函数呈零次齐性"的假说。

维克赛尔引进了自然利率与货币利率的概念。自然利率是借贷资本的需求与储蓄的供给恰好相等时的利率,大致相当于新形成的资本的预期收益率。它对商品价格的关系是中立的,即既不会使物价上涨,也不会使物价下跌。自然利率的高低决定社会当前的经济状况,如生产效率、流动资本和固定资本的保有量以及劳动力和土地供给等。其变动是持续的、不间断的。货币利率则是现实金融市场上存在的市场利率,主要决定于货币的供给与需求,受金融机构的支配,其变

第二章 货币理论的尴尬

化往往是间断的、不连续的。如果自然利率和货币利率相一致,则整个经济的投资等于储蓄,货币就是中立的,不对实际经济产生影响。这时,自然利率和货币利率都处于货币均衡的理想状态,保证经济状态的均衡。

但是在实际经济中,这种均衡状态是很难维持的,它们之间的背离才是经常性的。这种背离,既可能是由于货币利率变动时自然利率没有随之变动,也可能是由于自然利率变动时货币利率没有随之变动。例如,在企业投资过程中,自然利率是企业的实际收益,货币利率才是企业的借贷成本。由于两者的决定因素各不相同,这两种利率往往互相背离,而它们最终趋于一致是通过利率对物价的调节作用来实现的。

因此,维克赛尔否定了货币数量说的传统观点。他认为,货币数量与物价水平和自然利率都没有直接关系,它只与货币利率有直接关系,而它究竟会不会以及会怎样影响物价水平,则要看货币数量的变动引起货币利率的变动在多大程度上,什么方向上背离自然利率。这就是说,当货币利率低于自然利率时,企业通过借贷而扩大生产将会获得超额利率,从而诱使扩大生产,需求增加,物价上涨;反之,当货币利率高于自然利率时,企业将缩减生产,减少需求,物价下跌。因此,从均衡状态出发,假定货币利率与自然利率完全一致,由于货币的参与,货币利率与自然利率之间有可能产生并长期存在很大的差异,引起生产扩张或收缩,并改变商品和劳务市场上的供求对比关系,导致物价上涨或下跌,使经济运行经常处于失衡而波动的状态。

维克赛尔以货币对经济产生影响是通过货币利率与自然利率的差异来间接实现的论断,否定了货币数量说的货币只会直接影响绝对物价水平,而不会引起实际经济变化的

"零次齐性"假说。

(三)"累积过程"

维克赛尔认为,货币对经济波动的影响具有累积性质。如果货币利率低于自然利率,就会引起投资增加,生产扩大,引起原材料、土地、劳动力等价格的上涨,从而使原材料生产者、土地所有者和就业者的货币收入增加。由于这时的货币利率较低,增加的这部分收入就不会用于储蓄,而是直接用于消费。消费品的需求增加,引起消费品的价格上涨。消费品的价格上涨以后,资本品的价格也随之上涨。于是,就形成了"低货币利率 → 投资增加 → 货币收入增加 → 消费品需求增加 → 消费品价格上涨 → 资本品价格上涨 → 投资增加 → 货币利率升高"的循环。这种循环一直持续到货币利率与自然利率相等时为止。相反,如果货币利率高于自然利率,就会导致经济出现收缩,直到这种收缩最后停止在两种利率相等的位置,这种"累积"效应存在,就是货币"非中性"的有力佐证。

(四)货币均衡

由于价格是货币利率与自然利率的媒介,是货币利率与自然利率之间差距大小与方向的指示器,所以价格的稳定就意味着货币利率与自然利率保持一致。在自然利率基本不变的情况下,这也意味着货币利率基本稳定,投资与储蓄相等。这时,生产既不扩大也不缩小,物价水平既不上涨也不下跌,货币价值既不增加也不减少,这种状况就是货币均衡。

显然,要实现这样的货币均衡,其基本条件就是货币利率等于自然利率。然而,由于自然利率是一个无法确定的量,因此,应该以当时的物价水平作为货币利率与自然利率是否一致的衡量标准。只要价格没有变动,就表明这两种利率相等,货币处于均衡状态,对实际经济不发生任何干扰。如果价格上涨或下跌,表明货币利率低于或高于自然利率,货币处于失衡状态,对实际经济发生干扰。事实上,正是由于货币利率与自然利率经常不一致,自由市场机制并不能自动实现均衡,因为货币绝非"中性"。

（五）货币扰动

凯恩斯在借鉴维克赛尔理论和分析方法的基础上,将不确定性引入到经济分析中来,强调预期是联系现在和未来的纽带。他重建了利率理论,并以利率为中心,把商品市场、货币市场和劳务市场联系起来,建立了一个以就业、产量和价格共同决定经济的新理论体系。在此,我们仅讨论凯恩斯对现代货币特征及其对经济扰动的阐述。

凯恩斯认为现代货币有三个重要特征:(1)货币的生产弹性等于或几乎等于零。货币生产弹性是指生产货币的人数变化率与购买货币的人数变化率的比值。在不兑现纸币流通或实行管理通货的国家,私人企业绝对没有生产纸币的权力,撇开货币当局的干预,货币的生产弹性只能等于零。(2)货币的替代弹性等于零。货币的替代弹性是指当货币的交换价值上涨时,人们抛弃货币而用其他商品来替代货币的比率。由于货币本身并没有什么价值,作为一般购买力的代表,它可以用来交换其他一切商品,而任何一种别的商品却没有这种效用,即使其他商品的价格低廉,也不能取代货币,因此,货币的替代弹性等于或几乎等于零。(3)货币还具有周转灵活而且保存费用低廉的特征。与其他商品相比,货币具有更大的流动性,周转方便,既可以直接用来支付,又可以储藏起来以防临时需要,还可以灵活运用于各种资产的投机。而作为存货,由于货币体积小、自然损耗少等物理特性,使它具有保存费用很低的特点。

货币的上述三个特征,使得人们对货币的旺盛需求难以替代或压制。由于货币的供给弹性等于或几乎等于零,人们所需要的铸币又不能及时生产出来,货币的供求发生了尖锐的矛盾,并因此而影响市场利率的涨落,改变着人们对未来的预期和投资决策,从而决定产量和就业水平。显然,货币能够通过利率对经济产生实质性影响,因此是一个实际经济扰动因素。

维克赛尔和凯恩斯以利率为中心,论证了货币供给与货币需求的矛盾,名义货币量与实际货币量的矛盾,以及这两对矛盾对经济的实质性影响。如果说维克赛尔以累积过程理论第一个向货币中性论发起全面挑战,那么"凯恩斯革命"则彻底开创了货币理论的"非萨伊"时代。

三、现代货币数量论

货币理论在经历了长期激烈的论战之后,美国经济学家弗里德曼,于1956年发表了《货币数量论——一种重新表述》一文。这篇文章被看做是货币主义的复兴,即现代货币数量论的重要标志。弗里德曼试图建立一个"单一共同模型",将上述两种对立的理论综合起来。这个模型的理论基础是弗里德曼的货币需求函数:

$$M/P = f(y, w, r_m, r_b, r_e; Ldp/Pdt; u) \quad (2.2.1)$$

式中:

M/P——实际货币需求;

y——国民收入;

w——非人力财富占总财富的比率;

r_m——预期货币名义收益率;

r_b—— 预期债券名义收益率；

r_e—— 预期股票名义收益率；

Ldp/Pdt—— 预期物价变动率；

u—— 主观偏好等非收入变量。

按照弗里德曼的理论，如果 $k = f(y,w,r_m,r_b,r_e,Ldp/Pdt,u)$，那么上述需求函数就可写成：$M/P = ky$，即与剑桥方程式形式完全一致。如果将凯恩斯的货币流动性需求函数写成：$M/P = M_1 + M_2 = k_1 y + f(r-r^*,r^*)$，$r^*$代表预期利率，就与弗里德曼货币需求函数内涵完全一致，即货币需求是收入和各种资产收益率的函数。不难看出，这是一个综合了传统货币数量论和凯恩斯货币流动性需求理论的货币需求函数。

弗里德曼这个需求函数的最关键之处是，"在这七个与货币需求有关的变量中，货币需求的收入弹性为1，且主要由恒久性收入决定"。这就意味着，由于恒久性收入具有高度的稳定性，所以货币需求也是稳定的，即货币流通速度的变化不大。

存在一个稳定的货币需求函数，是弗里德曼货币理论的基础。这样，原本因收入变动引起货币需求变动，进而引起货币供给同向变动的传导机制就不再成立（因为货币再次被视为外生）。货币需求的稳定性假设，切断了收入影响货币供给的传导环节，货币供给量因此在与收入（即实际经济总量）的关系中再次成为自变量。"名义收入的变化都是货币供给变动的结果。"货币数量也就由此而重要了。

由恒久性收入所决定的稳定货币需求，是实际货币量。而具有自主地位的货币供给，是一个名义货币量。两个内涵不同的量如何达到均衡，弗里德曼的解释是：名义货币供给量的变化,会顺序引起"初始流动性和可贷出资金效应"、"收入效应"、"价格预期效应",最后引起名义货币需求的变动。名义货币需求变动率与名义货币供给变动率的差异,导致名义国民收入变动率脱离其长期值。货币供给的数量变化就引起了同时表现为价格和产量变化的短期经济波动。但在长期中,名义货币量的变化只反映在价格上,实际国民收入不受影响。也就是说,内生货币需求与外生货币供给在长期中存在自动均衡机制。

显然,弗里德曼的综合,是一个极力在名义量与实际量,内生供给与外生需求矛盾之间寻求平衡点的理论游戏。然而,由于这种矛盾是传统货币理论基础的内在矛盾,弗里德曼的综合也只能是一个矛盾体。

如果货币需求函数是稳定的,货币供给量的稳定就是经济稳定的必要和充分条件,因此,弗里德曼20世纪60年代导出了按3%～5%的固定增长率供给货币的"单一规则"。然而,80年代弗里德曼又根据货币流通速度的变化是名义货币量和实际货币量的均衡调节器原则,导出基础货币零增长率的另一个"单一规则"。

事实证明,按照"单一规则"确定的货币供给量往往与实际经济相去甚远。弗里德曼货币需求函数稳定性假设,割断了货币供给必须向货币需求回归的联系。显然,货币需求内生性与货币供给外生性的矛盾,仍然是传统货币理论的一道无解难题。

传统货币理论关于萨伊与非萨伊之争,是货币的名义量与实际量、供给与需求的不可调和性之争。正是这种不可调和性使传统货币理论成为一个无解的矛盾理论体系。

第三节 希克斯共存问题

当传统货币理论在上述两个基本问题上争论不休的时候,一个更基础性的问题摆在了面前。英国著名经济学家约翰·理查德·希克斯1935年在《简化货币理论的一种建议》一文中提出:"提供一个有关货币需求理论的主要困难,在于要解释为什么存在带有利息或利润投资证券的同时,人们却持有非生息的货币。""就我看来,这实在是纯货币理论的一个中心问题。要么我们对存在正利率情况下人们持有货币的事实给出解释,要么只好以某种方式回避这个难题。"这个不同收益率金融资产共存于经济中的现象,被称为"希克斯共存问题"(Hicks' Coexistence Problem)。

"希克斯共存问题"提出了一个无法解释的现象:无收益货币的存在,打破了经济系统的一个最基本定律——一价定律,即在自由市场上,套利可能性的存在,必然使两个完全替代品的价格完全相同。因此,货币的自身价值是什么?从20世纪60年代开始,几乎所有的理论流派都对货币理论的微观基础表示质疑。

货币理论努力为货币的存在和具有的自身价值寻找理论依据。下面是三个代表理论:世代交叠模型(OG 或 OLG)、效用函数和生产函数中的货币(MIUF 和 MIPF)、货币先行约束(CIA)。

一、世代交叠模型

由萨缪尔森最先提出来的世代交叠模型(Over Lapping Generation Model),从货币的价值储藏职能出发,阐述货币在何种条件下具有正价值,并以此作为货币分析模型的微观基础。

简单的 OG 模型假设:
- 每个人存活两期,即 t 时刻出生,$t+1$ 时刻成为老年人。
- 没有生产,个人消费来自于初始禀赋的支持,即年轻人有一个单位的禀赋,老年人没有禀赋。
- N_t 为 t 时刻出生的人数,且人口增长率为 n,则 $N_t = (1+n)^t$。

1. 若所有禀赋为易腐品,在任意时期 t,如果将全社会的产品都分配给年轻人,每个年轻人可消费一个单位;如果将全社会的产品都分配给老年人,每个老年人可消费 $1+n$ 个单位。因此,t 期的社会消费可能性曲线就是图 2-4 中的 AB 线段。

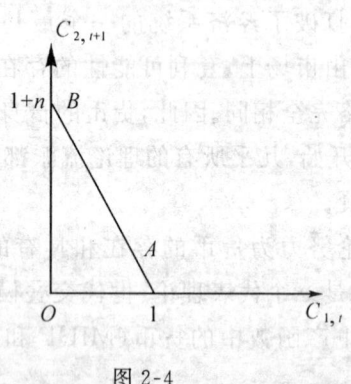

图 2-4

图 2-4 中,$C_{x,y}$ 即图中的 $C_{2,t+1}$、$C_{1,t}$,代表 $y(y=t,t+1)$ 时刻老年人$(x=2)$或年轻人$(x=1)$的消费。于是个人在他整个生命期内的消费可能性曲线就是图 2-5 中的 AB 线段。

第二章 货币理论的尴尬

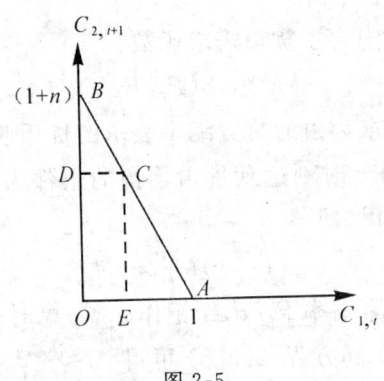

图 2-5

个人的效用最大化选择是 AB 之间的点(年轻时和年老时都消费一部分),如图 2-5 中 C 点。但因为禀赋不能储藏,C 点不能通过年轻时将禀赋储藏起来,等到年老时提取达到。如果经济中不存在货币,C 点也不能通过个人交易的方法达到,因为年轻人的交易对象是老年人,但等到他们年老时,原来的老年人已经不存在了。因此,在物物交换经济中,不可能通过跨代际(inter-generation)的双重耦合交换达到效用最大化。年轻人的惟一选择是 A 点,年轻时消费 1 个单位产品,年老时不消费。

将政府纸币引入 OG 模型后情况就得到改善。假定在时刻 0,政府发给老人 H 张钞票,如果此后的每一代人都相信纸币的购买力,那么 $t>0$ 时刻出生的人效用最大化问题为

$$\text{Max} \quad U(C_{1,t}, C_{2,t}) \quad (2.3.1)$$

$$\text{st} \quad P_t(1-C_{1,t}) = M_t^d \quad P_{t+1}C_{2,t+1} = M_t^d \quad (2.3.2)$$

求解,得最大化一阶条件:

$$\frac{-U_1(C_{1,t},C_{2,t+1})}{P_t}+\frac{U_2(C_{1,t},C_{2,t+1})}{P_{t+1}}=0 \qquad (2.3.3)$$

上述方程隐含了货币需求函数：

$$M_t^d = L(P_t/P_{t+1}) \qquad (2.3.4)$$

即货币需求为由通货紧缩率表示的货币收益率 P_t/P_{t+1} 的函数。因此在 t 时刻达到货币均衡的条件为年轻人吸纳老年人的全部货币，即

$$(1+n)M_t^d = H \qquad (2.3.5)$$

若将通货紧缩率 P_t/P_{t+1} 记作 g_t，考虑时刻 t 和 $t+1$，利用方程(2.3.4)和方程(2.3.5)可得

$$(1+g_t)^{-1}(1+n)=L(1+g_t)/L(1+g_{t+1})$$
$$=H/H=1 \qquad (2.3.6)$$

经济在稳定状态时则有

$$g = n \qquad (2.3.7)$$

即在货币量不变时，通货紧缩率必定等于人口增长率，于是货币具有正价值，个人效用达到 C 点表示的最大化。

2. 现在放宽所有禀赋均为易腐品的假设，即禀赋可储藏，且收益率为 $r > -1$，即可储藏，但要支付储藏成本的情况。

如果 $r < n$，那么在物物交换经济中，社会在 t 时刻和个人在整个生命期中的消费可能性分别由图 2-6 中 AB 线段和 AG 线段表示：

由于个人效用不可能超过 C 点代表的货币经济条件下的最大值，所以引入货币能够改善所有人的福利水平。但是在 $r > n$ 的情况下，物物交换经济本身已达到帕累托最优。这时货币无存在的价值（货币收益率有上限）。

3. 货币增长模型的核心问题是研究货币增长、通货膨胀

第二章 货币理论的尴尬

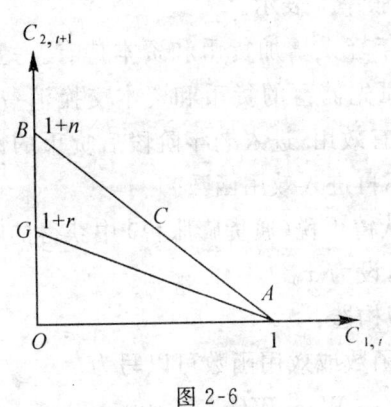

图 2-6

与产出之间的关系。而在前面看到的原始的世代交叠模型中,货币除作为代际交换的媒介之外,不提供任何可以进入消费和效用函数中的服务,除非存在相当的通货紧缩(它是持有货币的收益率,这个收益率必须比持有其他资产高),否则人们不会选择持有货币。因此,该模型不适用于分析通货膨胀与资本积累之间的关系,要研究代际关系对货币增长的作用,必须对它加以改进①。

第一,模型假定:

(1) 不考虑人口增长。

(2) 个人生命分两个阶段。

(3) 个人只在年轻时工作,得到工资 w,除当期消费外,以货币形式储蓄一部分收入 m,以资本形式储蓄部分收入 k,

---

① 这类改进最早见 Stein(1970),后来又有 Carmichael(1982)、Drazen(1981)、Gale(1983)、Weiss(1980) 等做了类似工作。

资本具有收益率 r，持有货币的收益率无名义收益，故其实际收益用通货膨胀率 π 表示。

(4) 只有年轻人增加货币和资本持有。一旦进入老年阶段，就将用其原先储蓄的货币和资本交换消费品。持有货币只在年轻时具有效用，进入老年阶段后货币的惟一作用是作为交易手段，不再进入效用函数。

(5) 政府从铸币税（通货膨胀税）中获得的收入全部转移支付给老年人，设为 x。

第二，模型构造：

个人福利函数或效用函数可以写为

$$W = W(c_1, c_2, m_1, m_2) \qquad (2.3.8)$$

其中：c_i 和 $m_i(i=1,2)$ 代表生命中两个阶段的消费量和持有的实际货币余额。

对于年轻人而言，需要使下列福利函数最大化：

$$W = U(c_1) + \frac{1}{(1-\delta)} \cdot U(c_2) + L(m) \qquad (2.3.9)$$

个人在其生命的第一、第二阶段消费为

$$c_1 = w - k - m \qquad (2.3.10)$$

$$c_2 = k(1+r) + m/(1+\pi) + x \qquad (2.3.11)$$

福利函数最大化的一阶条件为

$$U'(c_1) = U'(c_2) \cdot \frac{(1+r)}{(1+\delta)} \qquad (2.3.12)$$

$$L'(m) = U'(c_1) \cdot \left[1 - \frac{1}{(1+\pi)\cdot(1+r)}\right] \qquad (2.3.13)$$

其中：δ 代表个人时间偏好。

条件(2.3.13)的含义是，在第一阶段中，将收入用于消费的边际效用等于以货币形式储蓄并在第二阶段用于消费的边际效用,它是对斯德劳斯基模型中条件即:$u_c(f_k+\pi)-u_m=0$ 的一种修正。

但是,关于生命两个阶段中消费的边际效用相等这一假定值得商榷,很可能个人在年轻时的消费模式和年老时的消费模式是不一样的,因此,在均衡条件下,实际利率要受消费模式的影响。这样,不同于斯德劳斯基模型,个人在生命周期中的储蓄-消费模式对于稳态总资本水平的决定十分重要:不仅是个人的毕生消费量会影响资本密度,而且他的消费在两个生命阶段中如何分配也会对资本密度产生影响。换言之,考虑到交叠世代问题之后,新的货币增长模型不支持斯德劳斯基模型的货币超中性结论,而与托宾模型具有了某种共性。

第三,交叠世代模型中的通货膨胀效应:

下面我们进一步考察通货膨胀对资本积累的效应。在均衡条件下,实际利率(资本边际报酬)与工资①决定于下列公式:

$$r = f'(k) \qquad (2.3.14)$$
$$w = f(k) - kf'(k) \qquad (2.3.15)$$

注意,因为假设只有年轻人工作,上式中的 $f(k)$ 实际上是年轻人的人均产出。为简化起见,仍假定不存在人口增长,且年轻人数量等于老年人数量,则通货膨胀率 π 等于货币增长率 θ,年轻人人均铸币税(θm)等于对老年人的人均转移支付(x)。在均衡状态下,稳态消费路径为

$$c_1 = f(k) - k[1+f'(k)] - m \qquad (2.3.16)$$
$$c_2 = k[1+f'(k)] + m \qquad (2.3.17)$$

---

① 这里假设产出只在工资与资本利得之间分配,故产出减资本收益即得工资。

原来的效用最大化一阶条件方程(2.3.12)和方程(2.3.13)变为

$$U'(c_1) = U'(c_2) \cdot \frac{1+f'(k)}{1+\delta} \qquad (2.3.18)$$

$$L'(m) = U'(c_1) \cdot 1 - \frac{1}{1+\theta \cdot [1+f'(k)]} \qquad (2.3.19)$$

对方程(2.3.16)至方程(2.3.19)做直接静态比较表明,只要满足模型的稳态条件,就有 $dk/d\theta > 0$。就是说,在稳态时,通货膨胀率上升将使稳态资本密度上升,货币非中性成立。

第四,铸币税分配方式的影响:

以上我们看到的两个阶段交叠世代的货币增长模型中得出了货币非中性(对资本积累)的结论,但是,这个结论对模型的假定非常敏感,若对前述假定加以修正,则结论可能出现变化,下面我们考虑修正第五项假定(即铸币税全部转移支付给老年人)会有何种影响。

若全部铸币税(θm)均转移支付给年轻人,则方程(2.3.16)、方程(2.3.17)变为:

$$c_1 = f(k) - k[1+f'(k)] - (1-\theta)m \qquad (2.3.20)$$

$$c_2 = k[1+f'(k)] + \frac{m}{(1+\theta)} \qquad (2.3.21)$$

现在通货膨胀对稳态资本的效应决定于方程(2.3.18)至方程(2.3.19)。比较静态分析表明,在这种条件下,稳态人均资本比铸币税全部转移给老年人时为少,消费路径也更为平坦,但尽管如此,通货膨胀对资本持有稳态效应仍是正的($dk/d\theta > 0$)。

第五,货币效用的影响:

这些模型均假定货币只在生命周期中第一阶段提供效

用,第二阶段只作为交易媒介使用,这种假定当然是不现实的。Drazen①的模型对此作了修正,他假定货币在生命两个阶段均提供效用,因此老年人和年轻人均持有实际余额。在这种条件下,若铸币税转移支付给年轻人,则通货膨胀率上升导致年轻人对资本需求的增长,但是通货膨胀率增长也增加了政府收取的铸币税。若铸币税转移支付给老年人,则第二阶段收入增加,产生减少第一阶段储蓄的效应、减少资本需求的效果。不过,即使在 Drazen 模型中,铸币税转移效应也还不够强到使稳态条件下通货膨胀与资本积累之间的关系发生逆转,托宾效应仍然成立。

世代交叠理论(OG 模型)创立后得到了很多人的响应,特别是在经过大量修正工作后,已经成为传统货币理论框架中最常用的模型之一。然而,这个模型的缺陷显而易见。

首先,这个模型的大多假设都和现实生活相去甚远。如托宾指出:(1)如果说要用某种不可再生资产作为代际财富转移的载体,土地是最恰当的选择。(2)欲使纸币有价值,人们必须先储蓄,后解除储蓄,但所有 OG 模型却将这个过程颠倒了,都是一开始就注入货币。(3)若个人效用函数中包含了父母和子女的效用,则每个人在精神上都是不死的,货币也就没有必要存在。(4)这个模型中的典型个人将长期持有货币,比如从 40 岁持有到 65 岁,平均持有期达 25 年,这难道不是很可笑吗?事实上每元活期存款的平均持有期只有两天。(5)OG 模型中纸币所起的作用同样可以由社会保障计划加以解决。因此,用引入世代交叠概念的模型来解决现实中的

---

① Drazen A. (1981), Inflation and Capital Accumulation under a Finite Horizon, *Journal of Monetary Economics*, Vol. 8, pp 246-260.

货币问题,只是理论家的一种偏好,对货币政策的操作很难有什么实际效果。

其次,该模型以货币的价值储藏功能为基础。而一般认为,货币的价值储藏功能是货币最不重要的一种功能,因为所有持久性资产都能用于价值储藏。如果说,货币之所以能够存在,是因为储藏货币的收益率高于其他资产,这个结论显然与现实中货币既无利息收入又无资本增益(在没有通货紧缩的时期)的情况恰恰相反。世代交叠模型不能解释货币存在的合理性。因此,它没能回答"希克斯共存问题"。

二、效用函数中的货币理论

(一)效用函数模型

斯德劳斯基(Sidrauski)在沿用拉姆塞最优储蓄行为和萨缪尔森世代交叠模型理论框架基础上提出人们不仅从消费中获得效用,也从持有实际货币余额中获得效用。他假设家庭规模不断增大(人口增长),家庭成员寿命无限。求解这种典型家庭代际最优问题,家庭成员效用最大化目标函数为

$$W = \int_0^\infty U(c_t, m_t) e^{-\delta \cdot t} dt \qquad (2.3.22)$$

式中

δ——家庭成员时间偏好的变量;

c_t、m_t——t时刻的消费量和实际余额持有量。

假定在任何时点上,非人力财富(a)以资本(k)和实际余额(m)两种形式持有,可得方程:

$$a = k + m \qquad (2.3.23)$$

实际人均财富累积为

$$\dot{a} = f(k) + x - c - na - m\pi \qquad (2.3.24)$$

方程(2.3.24)中各小写字母表示方程(2.3.23)中变量

的人均值。另外 n 代表劳动增长率,m 代表人均实际货币余额 ($m = M/PN$),x 代表政府通过转移支付给个人的铸币税。

方程(2.3.23)是福利函数的存量约束,方程(2.3.24)是福利函数的流量约束。求解方程(2.3.22)的最大化问题,构造汉密尔顿函数:

$$H = u(c,m) + q[f(k) + x - m\pi - c - an] + \lambda(a - k - m) \quad (2.3.25)$$

方程内点解的必要条件为

$$\dot{q} = (\delta + n)q - \lambda \quad (2.3.26)$$

$$qfk - \lambda = 0 \quad (2.3.27)$$

$$Um - q\pi - \lambda = 0 \quad (2.3.28)$$

$$Uc - q = 0 \quad (2.3.29)$$

将方程(2.3.27)代入方程(2.3.26)得

$$\dot{q} = (\delta + n - fk)q \quad (2.3.30)$$

方程得出的资本边际产出由个人的时间偏好与人口增长率决定的结论,隐含着人们持有的实际货币余额是使效用达到最大化的一部分,并因此而得出货币具有正价值的结论。

(二)模型缺陷

然而,这个在效用最大化框架下研究货币对经济增长作用的理论存在两个明显的缺陷:

第一,正如帕廷金在其所著《货币、利息与价格》一书的导言中所指出的那样,"效用函数中的货币"理论"太具一般性"(Too General),即货币需求函数的推导完全与其他商品的需求函数一样(从效用函数中来),这为处理具体的货币问题带来了麻烦。

第二,如奥斯特罗伊(Ostroy)和斯塔尔(Starr)所指出的,要决定"实际余额"的效用,首先人们必须大概地知道有多少交易量要由这些余额去完成。而这个交易量又只有在个人决定了效用最大化选择后才能知道。因此,这又必须先假定货币有效用,并将货币的效用代入效用最大化问题求解。这就形成了一个极大的逻辑矛盾。也就是说,一样东西先有效用,同时又是稀缺的,它才会因此而具有正价值。而货币恰恰相反,其效用取决于它在交换中有没有正价值,即只有先证实了货币和价值,才能决定货币的效用。

如果模型设某人的初始禀赋就是效用最大化组合,则持有货币对他没有任何效用。"效用函数中的货币"理论也没有回答货币的交易价值从何而来这个问题。因此,面对"希克斯共存问题"仍是白卷一张。

三、货币先行约束理论

货币先行约束模型(CIA)是建立在一种被抽象化了的纯粹货币经济(所有交易都必须通过货币媒介的经济)假设上的模型。该理论虽然较好地区分开货币交换和物物交换经济,但仅就这个前提假设,其缺陷就显而易见:

第一,纯粹的货币经济在人类社会的历史上从来就没有出现过。相反,我们却可以在人类社会发展的各个阶段找到易货贸易的踪影,即易货贸易的另一种形式——企业之间通过应收应付账款的相互抵消实现交易(在信用经济中尤为普遍)。因此,从历史的、现实的和未来的角度,纯粹的货币经济恐怕都不会成为现实。因此,货币先行约束模型不具有现实指导意义。

第二,海勒威格(Hellwig)对货币先行约束模型批评道:一般认为货币最大的优点在于便于交易,帮助人们克服"需求双重耦合"的困难,实现所有有利可图的交易机会。然而货币先行约束理论的代表克劳尔无端地给交易加上一个"货币先行限制",使货币反而成为阻碍成交的因素。"克劳尔限制"成了"克劳尔悖论"。但是,如果承认货币并不是实现交易的惟一途径,那么货币的效用从何而来就成了问题,货币具有正的交易价值也就无从谈起。可见,货币先行约束理论也无法解答"希克斯共存问题"。

上述理论从不同的角度对货币微观基础进行修补,但都未能真正给出满意的答案。正是这种理论体系的内在矛盾,使"希克斯共存问题"成为货币理论的一道无解的难题。

本章从传统货币理论与一般经济理论的矛盾、传统货币理论体系内各学说之间的矛盾以及传统货币理论微观基础问题三个方面阐释了传统货币理论体系的内在矛盾。西方新货币经济学道出个中真谛:传统货币理论在没有把"货币"本身研究清楚之前,只是想当然地赋予"货币"某种性质,并在此基础上讨论"货币量"变动对经济的影响,必然使其陷入逻辑怪圈。一般均衡理论中不能引入货币并不是一般经济理论的缺点,理论家所应该做的是考虑如何取消"货币"这种人为造成的扰动因素,从而维护一般均衡的成立。可见,要科学地阐释经济体系中的规律,特别是更高信用阶段的现代经济系统的规律,必须建立一个全新的、适应现代经济特征的货币理论。

第 三 章

货币政策的无能

传统货币政策是以货币数量控制为主要特征的。历史告诉人们,这种人为的货币政策带来的是萧条、通胀、滞胀、衰退的轮回。当人类正在迈进更高的信用阶段——无纸化货币经济时,这种以传统货币理论为基础的货币政策效果几乎荡然无存。

第一节 货币政策前提消失

在这一节中,我们着重讨论系统的信用货币政策理论。尽管货币主义和凯恩斯主义在选择货币控制手段、政策传导路径以及有效操作工具上大相径庭,但对货币信用乘数扩张机制的存在和货币数量的作用是一致的。因此,货币信用扩张乘数的存在,就成为传统货币政策的必要前提。

较完整的货币信用扩张乘数理论是由卡尔·布伦纳(Karl Brunner)和阿伦·梅里泽(Allan Meltzer)于1961~1964年共同建立完成的。随即,它不但成为宏观经济理论和货币银行理论教科书采用的标准范式,而且广泛运用于各国货币政策实践。

货币乘数模型假设在所有货币都以商业银行存款形式存在的前提下,中央银行只需规定一个合理的法定存款准备金率,就能准确地控制商业银行信用扩张能力,达到目标货币供给量。它是20世纪70~80年代各国中央银行普遍采用的最重要的货币政策基础。

简化的货币乘数模型可写为

$$D = (1/r) \cdot R \qquad (3.1.1)$$

式中:

D——存款总额;

r——法定存款准备金率;

R——中央银行持有的存款准备金总额。

在假设所有的货币 M 都以商业银行存款形式 D 存在的条件下,即 $M=D$,货币供给量就等于中央银行持有的存款准备金总额与法定存款准备金率所给定的乘数之积,即 $M=(1/r) \cdot R$。显然,这个货币乘数模型强调乘数 $1/r$ 以及由其规定的法定存款准备金总额与货币供给量的直接联系。

如果将上述货币以商业银行存款一种形式存在的假设,放宽为货币由下列三种形式组成:(1)D:活期存款;(2)C:流通中的现金;(3)t:定期存款,就可得到完整的货币乘数模型。完整的货币乘数模型可写为

$$M = Km \cdot B \qquad (3.1.2)$$

式中:

M——货币供给量;

B——基础货币,即 $B=R+C$(基础货币是存款准备金总额 R 和流通中现金 C 之和);

Km——包含上述三种货币形式的货币乘数。

$$Km=(1+k)/(rd+k+rt\cdot t+e) \qquad (3.1.3)$$

式中：

k——现金乘数，即现金与活期存款的比率；

rd——活期存款乘数；

rt——定期存款乘数；

t——定期存款与活期存款的比例；

e——超额准备金。

在这个货币乘数模型中，中央银行通过控制基础货币 B 和法定存款准备金率 rd，$rt\cdot t$ 来影响货币供给量。商业银行则通过货币乘数范围内的信用扩张度和持有合适的超额准备金 e 影响货币供给量。社会公众通过变动向商业银行的借贷量，现金与活期存款 k 的比率，以及定期存款与活期存款 t 的比率影响货币供给量。

不难理解，在这个货币乘数模型中，只需假设基础货币 B 中的现金 C 是一个稳定的常数，那么 B 的变动就取决于存款准备金总额 R 了。同时，如果货币乘数 Km 中的现金乘数 k，定期存款乘数 $rt\cdot t$，都是稳定的变量，商业银行自主持有的超额准备金 e 微不足道（可忽略不计），影响货币乘数的因素就只剩下 $1/rd$ 了。因此，货币乘数模型的核心就是上述简单货币乘数模型：

$$M=1/rd\cdot R \qquad (3.1.4)$$

显然，货币乘数模型仅是 20 世纪 70～80 年代各国货币体系主要特征的写照，即当货币体系中的其他变量都是稳定或微不足道的时候，货币乘数 Km 和基础货币 B 就极为重要了。因此，中央银行可以通过法定存款准备金率控制住货币乘数 Km，从而方便地控制住货币供应量。正是如此，各国中央银行这个时期几乎都采用了以操作基础货币为主的货币数量控制政策。然而,这个信用特征阶段转瞬即逝。20世纪80年代末90年代初,随着计算机技术带来的支付手段革命,人类信用迈进了一个全新的阶段。这意味着货币乘数理论的必要前提也随之土崩瓦解。

显然,货币数量控制政策的必要前提,是存在一个可控的货币乘数。货币乘数可控,又必须以受公众和商业银行影响的那些因素是稳定或微不足道为条件。一旦货币乘数中那些受社会公众和商业银行影响的因素变得不稳定和很重要,货币乘数范式下的数量控制就将失去可靠性。可见,货币数量控制政策是建立在极为苛刻的前提条件上的,而现实中的诸多因素往往与之相去甚远,且随着信用的发展越来越远。

第二节 货币乘数范式动摇

20世纪90年代以后,随着计算机及网络技术的发展,货币支付方式及整个支付系统发生了深刻变化。电子支付系统的广泛运用,首先使现金结算需求迅速减少。如前所述,美国1990年现金方式结算占全国消费总额的20%,1996年降至18%,2000年降至16%。预测2005年将只剩12%的结算额仍用现金。来自实际经济的数据清楚地显示,货币的现金形式正在急剧萎缩。其次,电子支付系统的实时清算特征使支付系统高效、安全。支付系统的这一技术性飞跃,动摇了存款准备金设立的初衷——保证支付流动的需要。反之,存款准备金给商业银行带来的负面效应——政府对存款机构征纳的一项隐性税,日渐严重地削弱着现代经济体系中商业银行的竞争力。因此,规避传统货币政策的管制,成为一种重要的金融创新激励因素。最后，电子支付系统使账户之间的资金划转更加方便易行，为商业银行规避法定存款准备金的各种金融创新提供了技术保障，例如美国目前广为使用的"通账户"(Sweep Accounts)。电子支付系统从主观和客观两方面迫使中央银行下调法定存款准备金率[①]。法定存款准备金率的下调，意味着中央银行可以控制的法定存款准备金总量减少。美联储1990年下调定期存款准备金率3％，使存款准备金总额减少115亿美元。1992年4月美联储又将活期存款法定准备金率从12％下调至10％，存款准备金总额再次减少85亿美元。美国的存款准备金余额已降至30年来最低水平。显而易见，在货币乘数中，受中央银行控制的法定存款准备金数量也在急剧萎缩。

基础货币是中央银行控制货币乘数的基础。它由流通中的现金和中央银行持有的商业银行存放的法定存款准备金组成。由于现金和法定存款准备金数量的迅速萎缩，基础货币在货币系统中的核心地位受到动摇。另外，电子支付系统引起现金不断向无纸化电子货币转化，造成货币乘数范式下按流动性程度划分的货币层次不再清晰，基础货币界定变得困难。由此，货币乘数对商业银行信用扩张能力约束渐逝，货币乘数范式动摇。

一、货币乘数的基础动摇

第一，如果用于支付的现金和活期存款与用于储蓄的定期存款同在一个账户上（如：通账户），而且原来不同性质的

---

① 参见：本书第一章第一节的"三、1989～1996年西方六国法定存款准备金率变动情况统计表"。

款项也可应顾客需要随时互相转换,那么一笔资金就很难明确地归为上述账户中的任何一类。因此,现金乘数 k、定期存款与活期存款的比率 t 难以清晰界定。

第二,商业银行的超额准备金 e 的作用变得更加重要。由于法定存款准备金数量的实质性减少,银行持有的超额准备金 e 更加重要。而商业银行持有超额准备金的行为是自身经营管理行为,不受中央银行控制,且波动性较大。

第三,金融创新和电子技术的运用使商业银行能够通过资金性质的转换和模糊化,逃避中央银行法定存款准备金率的强制性约束。由于法定存款准备金规定已不再对绝大多数资金起作用,用 $1/r$ 规定商业银行信用扩张行为的乘数范式也就名存实亡了。法定存款准备金率 r 渐渐失去了对商业银行信用扩张行为的强制性约束。事实上很多国家的商业银行已经放弃了存款准备金率这个操作工具。

因此,伴随现金和存款准备金的萎缩,基础货币与货币供给量的直接联系正在消失,基础货币操作变得不再可靠。货币乘数范式的基础因而动摇。

二、货币政策杠杆支点他移

法定存款准备率的大幅下调和取消,意味着法定存款准备金总量的实质性萎缩。商业银行在中央银行账户上的存款以大量清算资金取而代之。美联储 1990 年下调法定存款准备金率后,商业银行在其账户上的清算资金,截至 1993 年,就增加了 3 倍。清算资金和法定存款准备金有三个本质区别:(1)清算资金余额取决于商业银行的清算需求,除必须持有的最低清算资金余额规定外,不受制于法律规定。(2)清算资金余额不是商业银行负债的固定比例,而是其商业决策。(3)存放在中央银行账户上的清算资金是有息存款。这三个特征决定了清算资金的利率敏感性。商业银行资金运用的利率敏感性,足以使中央银行预期的目标货币供给量发生偏离。如图3-1所示:

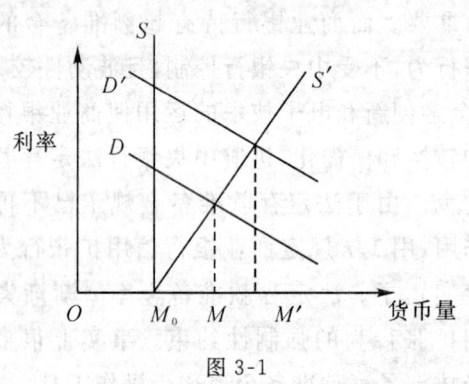

图 3-1

图 3-1 说明:当商业银行资金对利率敏感时,供给曲线就由原来的垂线 S 变为斜线 S'。如果货币需求曲线不变,实际货币供给量会从中央银行控制的目标货币量 M_0 自动增加到超过目标货币供给量的 M 点上。如果货币需求增加,需求曲线 D 就会上移至 D',实际货币供给量便会自动增加至 M' 的位置上,实际货币供给量偏离目标货币供给量。这意味着清算资金占中央银行资金比例越大,商业银行资金利率敏感性越强,S' 曲线斜率越小(即越平缓)。以基础货币控制为操作目标的结果就会离目标货币量的偏差越大。因此,当商业银行持有更多的清算资金,更少的法定存款准备金时,利率比"乘数"的杠杆力度要大得多。事实上,放弃货币供给量目标,代之以基准利率目标已成为越来越多国家中央银行的

共识。例如:代之以调整法定存款准备金率,美联储越来越多地动用联邦基金利率,加拿大银行采用货币市场隔夜拆借率,德国联邦银行采用银行间拆借利率作为货币政策杠杆的支点。

据此,后凯恩斯主义者莫尔(Basil Moore)提出"水平主义"(Horizontalism)货币理论。莫尔一反货币数量论的"垂直主义"说(Verticalism),即在利率-货币量的二维坐标系里,货币供给曲线为一条与 X 轴垂直的直线,并可在货币当局操纵下作任意的水平移动。莫尔提出在内生货币条件下,货币供给曲线应该是一条平行于 X 轴的直线。这意味着在既定的利率水平下,货币供给完全是适应性的,可以根据需求无限量地扩张或收缩。如图3-2所示:

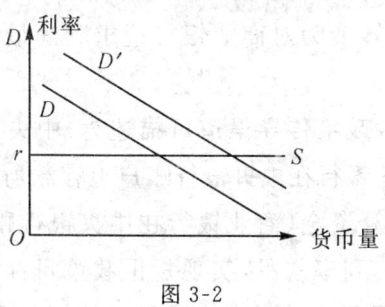

图 3-2

图 3-2 说明:货币供给曲线由原来的垂线变成水平线 S,即货币供给具有完全利率弹性,以保证目标利率水平 r 上的货币供给与货币需求达到均衡。

法定存款准备金率对商业银行的货币创造行为失去约束力,就意味着传统货币政策工具杠杆失去支点。显然,新的货币政策工具及其支点,与支付系统密切相关。

三、货币政策传导渠道更迭

传统货币理论认为货币政策的传导过程是,中央银行使用货币政策工具,通过操作目标影响中介目标,实现最终目标。在货币乘数范式流行的20世纪70~80年代,各国中央银行普遍采用存款准备金率工具,控制基础货币,进而控制货币供给量,达到既定货币政策目标。对这个政策传导链而言,一旦存款准备金率工具失灵,基础货币操作目标就不再可行,货币供给量目标也将随之失去意义。

如果说货币政策杠杆支点从法定存款准备金率转变为基准利率,意味着货币政策的短期目标(包括操作目标和中介目标)从以货币供给量为主转为以利率为主的话,那么相应地,货币政策传导渠道就必然要从对商业银行货币创造行为的直接控制转变为对商业银行追求利润最大化属性的利导。

因此,有效政策传导渠道可描述为:中央银行通过操作基准利率(商业银行在中央银行账户上存款所获利息率),导致支付系统清算资金(商业银行在中央银行账户上的资金)供求变化,影响利率水平,实现货币政策目标。如果基准利率下降,商业银行会减少在中央银行清算账户上的头寸,将更多的资金投放市场,致使货币供给增加,市场利率下降;反之亦然,基准利率上升,商业银行会持有更多的清算头寸,使市场资金供给减少,市场利率上升。经济体系在市场价格机制的作用下达到均衡发展。

毫无疑问,货币乘数范式正随着货币数量目标的被放弃而退出历史舞台。

第三节 "货币主义者实验"的失败

从20世纪60年代中期到70年代,美国的通货膨胀率迅速大幅上升。60年代前期,年通货膨胀率还不到2%。而到1970年夏季就已经上涨到12%。1979年8月,吉米·卡特总统指派货币主义者保罗·沃尔克(Poul Volcker)出任联邦储备委员会主席。大约6个星期后,美联储发布了一系列政策性消息,旨在降低公众的通货膨胀预期。美联储宣布要对货币政策进行重大调整,不再把短期利息率的变动限制在狭窄的范围内,而且要大大降低货币流通额(M_1和M_2)的增长率。保罗·沃尔克的声明为检验"事前预见到的政策对产出和就业不会产生影响"这一观点是否正确提供了一种有效的检验方式。这就是著名的"货币主义者实验"。

一、实验涉及的主要理论

(一)穆斯的理性预期理论(Rational Expectation)

美国经济学家约翰·穆斯(John F. Muth)于1961年指出,既然经济行为主体有作出适应性预期的能力,即以上期实际价格和上期预期价格之间的差别,对未来的预期进行适应性修正,也称知错必纠(Error-Learning)预期,那他们就能够尽可能充分地收集各种信息,加大修正幅度,形成对未来的积极预期,即理性预期。换言之,经济行为主体能够利用一切可获得的相关信息对未来的经济状况作出有充分根据的和理性的判断。约翰·穆斯认为经济行为主体形成理性预期的两个根本特点是:(1)经济行为主体关于未来变化的预期总是尽可能有效地利用现在所有可以被利用的信息。而不是仅仅依靠过去的经验。他们对于相关变量的预期与理论模型的预期是趋向一致的。(2)尽管实际经济过程中存在的不确定性因素会干扰预期结果,使期望值偏离预测变量的实际值,但人们一旦发现错误,就会作出正确的反应,纠正预期中的失误。

在此,我们可借助理性预期的理论模型验证约翰·穆斯对理性预期结果可靠性的上述结论。理性预期理论模型的工作过程可细分为三个层次:其一是预期量与模型包含的外生变量及随机干扰之间的关系式,这个层次的信息指出哪些是相关的变量以及如何相关。其二是外生变量,例如政策变量的发生规则以及随机变量的概率分布。它帮助确定预期是否有意义。假如外生变量千变万化没有规则,随机变量飘忽不定,就无法作出理性预期。其三是以所有变量的过去数据作为投入,上述两层次为生产过程,用最小平方法预测技术,就可得到一个理性预期值。以通货膨胀的理性预期为例,其函数关系式如下:

$$\pi_t^e = P(\pi_t | I_t)$$
$$\equiv E(\pi_t | \Omega_{t-1}) + P[\pi_t - E(\pi_t | \Omega_{t-1}) | \Delta_{t-1} E(\Delta_t | \Omega_{t-1})]$$

(3.3.1)

式中:

π_t——通货膨胀率;

π_t^e——主观预期通货膨胀率;

I_t——所有有关信息的集合(包括理论模型的知识)。

根据信息集合作出的最佳线性无偏投射,就是客观的理性预期,用 P 表示。第一个等式就是理性预期的通用式。理性预期认为"正确的预期"是"主观预期"等于"客观预期"。在第一个等式中,π_t^e 为主观预期膨胀率;$P(\pi_t | I_t)$ 为客观通

货膨胀率,它是 t 时刻的实际通货膨胀率 π_t 在信息集合 I_t 上的投影。在恒等号的右边,信息集合 I_t 被分解成两部分:历史信息 Ω_{t-1} 和当期可获信息 Δ_t。恒等式的含义是,如果信息集合中除了历史信息 Ω_{t-1} 外,还含有当期可获得但由许多随机项共同构成的复合信息 Δ_t,那么客观估计可再次分为根据过去既定资料所作出的条件估测 E 和由当期随机复合信息所提取的新信息对前者的修正。因此,理性预期的真正含义不在于信息是否最新、是否完全,而在于对既有信息的充分运用。确定的信息以回归方式估算其影响力,含混不清的信息则以投射方式提炼有用的信息成分作为补充。这样得到的条件预期值与未来实现值之间,只剩下随机残差,因此预期虽然不可能完全准确,但也绝对不会出现系统性误差。

(二)有效市场假说(Efficient Market Hypothesis)

现代金融学就资本市场证券价格形成提出了一个假说,即市场价格在形成过程中必然充分准确地反映了所有可以得到的相关信息。它是对价格体系资源配置能力的一种肯定性假说。

1967年5月,哈尼·罗伯茨(Harry Roberts)在芝加哥大学举行的证券价格讨论会上,按信息集合的三个不同层次,将有效市场假说区分为三种形式:(1)弱形式有效市场假说(Weak-form-hypothesis),指市场价格可充分反映价格历史序列中所包含的信息,从而投资者不可能从对以往价格走势的技术分析中得出可获超常利润的投资策略。(2)中强形式有效市场假说(Semistrong-form-hypothesis),指现行证券价格不仅体现历史的价格信息,而且反映现在的与所有公司证券有关的公开有效信息。投资者不能从对一家公司的资产负债表、损益表、股息变动或股票细分及任何其他公开信息的基本分析中导出超常的经济利润。(3)强形式有效市场假说(Strong-form-hypothesis),指市场价格充分反映有关公司的任何为市场交易者所知晓的全部信息,包括内部信息。因此即便是那些获得优惠信息的投资者,也不可能据此而得到超常的投资回报。这时市场价格反映全部公开的和私有的信息。

经济学家们通过两种方法对有效市场假说作出了验证:一是通过给出随机模型(Stochastic Model),从统计学上找出"价格已经反映了所有可以得到的信息"的含义。验证发现证券价格波动的可预测程度很低,几乎不可能带给人们投机机会。二是找出均衡条件下的证券价格,然后再去检验现实中证券价格波动是否遵循均衡条件所给定的轨迹。如果有偏离,这种偏离是否大到能使一些人赚取超额利润。

经济学家们得到的验证结果都证实了市场有效性假说。因此在经济学中很少有一个假说能获得像有效市场假说这么一致的支持。

有效市场假说认为无规则的定价确实存在,甚至持续一段时间。但是任何过度偏离都会得到纠正,即在利用信息方面,资本市场是有效率的。显然,市场有效性假说肯定的是,对市场信息的个人理性和理性预期行为就是现实的市场结果。这正是理性预期学说关于经济主体能够利用相关信息,对未来作出有充分根据预期的逻辑内涵。

(三)稳定政策无效性定理

罗伯特·卢卡斯在其货币经济周期理论中提出,产出波动的根源是货币的意外波动。卢卡斯和雷平(L. Rapping)1969年给出了一个以劳动力市场就业与通货膨胀率关系为基础的总供给函数。这个总供给函数的简化线性对数形式

可写为

$$Y_t - Y_n = a(\pi_t - \pi_t^e) + \varepsilon_t \qquad (3.3.2)$$

式中：

π_t——实际通货膨胀率；

π_t^e——预期通货膨胀率；

Y_t——实际产出率；

Y_n——自然产出率。

这个函数式被称为卢卡斯-雷平函数。它说明总产出相对于自然产出的波动不受可预期政策的影响，或有一定规则的稳定政策无助于消除景气循环现象。由于政策与经济行为主体的利益密切相关，决策规则的规律性自然会被理性行为主体通过信息收集处理而悉数料到，对政策的可能效果也心如明镜。当政策如期实施时，理性大众所决定更改物价的幅度，或总需求通过经济体系运作在物价上引起的反应，恰好同理性行为主体事先的预期一致。因此，除了不能预料的干扰外，总产出将维持在自然产出水平。政府实施的稳定政策只能带来通货膨胀及其预期值的绝对变动，即被识破的政策不能对实际经济产生任何效果。

二、实验及结果

如上所述，理性预期理论认为，如果货币当局的意图能够被清楚且可靠地传导到公众那里，那么货币政策就只能引起名义货币量的变动，不会对实际产出、就业和失业产生影响。显然，对美联储而言，"稳定政策无效性定理"是致力于消除通货膨胀的一个合适的工具。因为这可以在不伴有产出损失和失业率增加的情况下，消除较严重的通货膨胀。于是美联储向公众作出声明，它将把 M_1 和 M_2 的增长率从当时的 6%~10% 降到 0,并且在接下来的 5 年时间里保持货币供给的零增长率。

如果公众能够如期预见到银根将要紧缩,工资需求就会大大削减,AS 曲线(总供给曲线)随之会向右移动。AS 曲线向右移动,意味着工资上升受到限制,甚至停止。于是引起 AD 曲线(总需求曲线)向左移动。在政策具有完全可靠性、理性预期、劳动力和产品市场迅速出清的假设条件下,通货膨胀可以在不带来产出下降、失业增加的情况下被消除。如图 3-3 所示:

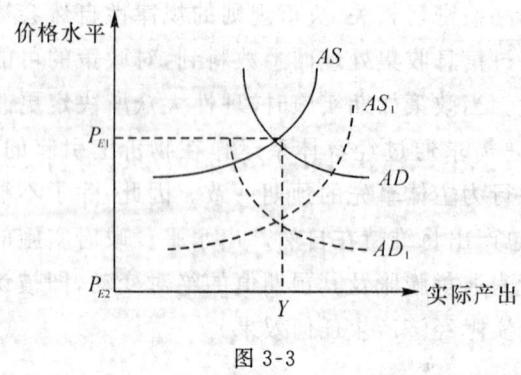

图 3-3

在"货币主义者实验"这 3 年期间(1979 年 10 月 ~ 1982 年 8 月),正如理性预期理论所说,美国的通货膨胀率急剧下降。但也就是在这几年当中,美国经历了两次连续的衰退。1981~1982 年期间,工业产值和实际 GDP 严重萎缩。失业率达到两位数,并在 1986 年以前从未低于 7%。在这一阶段当中,明确宣布的通货紧缩使大约 600 万人失业。由此可见,事前预见到的和未曾预见到的政策都能够影响产出和失业。

三、实验所示

这次"货币主义者实验"受到来自各经济理论流派的批评。现代货币数量主义认为,美联储所采取的政策行动注定要失败。这是因为一方面经济结构存在各种不确定因素,另一方面则应该归咎于经济活动对政策作出反应的时滞较长,且极易发生变化。新古典宏观经济学的支持者也指出美联储的货币政策必然徒劳无益。他们的理由是在相机的货币政策情况下,经济行为主体必然能够学会预期政策走向,经济行为主体针对预见到的政策变化所作出的相应反应,会抵消这些政策对产出和就业等实际经济变量造成的影响。所以任何积极的相机货币政策都不会产生好的效果,都应该被放弃。

"货币主义者实验"的失败连同这些批评向人们揭示了传统货币政策的一个基本问题,这就是传统货币政策总是将除货币数量以外的其他各种经济因素视为微不足道,这就难免使得这些经济因素在确实产生作用的情况下总是显得束手无策。事实上,那些被传统货币政策不屑一顾的经济因素正在发挥着越来越重要的作用,特别是当中央银行在简单信用经济条件下对货币供给量的控制权威,随着后货币时代的到来而迅速削弱的时候。这次"货币主义者实验"的真正意义在于:它在宣告理性预期说失败的同时,也宣告了基于货币数量控制目标的货币政策无能。

上编小结

上编通过第一章、第二章、第三章,分别从货币概念、货币理论和货币政策三个不同的角度对传统货币体系作了一次重新审视。从中我们看到传统货币体系存在无法解脱的内在矛盾。正如新货币经济学家们指出的,"货币经济学不能把基本框架建立在一个说不清、道不明的'货币'概念之上"。传统货币理论"在没有把'货币'本身研究清楚之前,只是想当然地给'货币'赋予某种性质,并在此基础上讨论'货币量'变动对经济的影响……这如同看一出木偶戏,按照正常的逻辑,从上一个动作一般可以推断下一个动作。但要知道经常会有意料不到的事情发生。这是因为木偶是人为控制的。控制木偶的人要按剧本和导演的意图来操作木偶的动作。因此,要想准确地预测木偶的下一个动作就必须去研究剧本,研究控制木偶的人,研究导演。尽管通过观察木偶的上一个动作来预测下一个动作,经常也会获得成功,但这种成功是极不可靠的,因为只要换一个剧本,换一个控制木偶的人,换一个导演,一切就会不一样了。"

如同看一出换了剧本的木偶戏,传统货币理论体系的内在矛盾在现代信用经济中更加突出。以此为基础的货币政策也正在失去意义。不可否认,传统货币理论必将随着时代的进步而被全新的货币理论取而代之。

中编

新货币经济学的启示

第四章

新货币经济学的形成

20世纪80年代,一批经济学者一反传统货币理论"什么是货币不成问题"的思维惯性,以探讨"货币为什么会存在"的全新思路求解货币理论微观基础难题,这就是西方新货币经济学。

新货币经济学(New Monetary Economics)一词,由斯坦福大学教授——罗伯特·霍尔(Robert E. Hall)于1982年,在《美国和英国的货币趋势:对货币经济学新发展的评论》(Monetary Trends in the United States and the United Kingdom: A Review from the Perspective of New Developments in Monetary Economics)一书中提出①。根据《新帕尔格雷夫货币与金融大辞典》(The New Palgrave Dictionary of Money and Finance)的定义,西方新货币经济学基本理论包括"法律限制"说和"货币职能分离"说,主要观点有:(1)货币和货币制度在经济中的特殊地位是政府"法律限制"赋予的。(2)伴随信息和交易服务成本不断下降而形成的不同(市场)规则,

---

① *Journal of Economic Literature* (1982), pp1552-1556.

将导致截然不同的金融制度和货币安排。(3)货币的价值尺度职能应该和交易媒介职能分离①。

西方新货币经济思潮萌芽于18世纪启蒙主义运动,历经19世纪货币大论战,于20世纪20~30年代一度流行。20世纪80年代以后,传统货币理论同时在理论和实践两个方面陷入了越来越深重的危机之中,也正是从这个时期开始,新货币经济思潮有了长足的发展,逐渐形成了一个独立的理论流派——新货币经济学。随着后货币经济时代的到来,新货币经济学探讨货币和货币机制的全新思路和方式受到越来越多的关注和认同。

第一节 新货币经济学的理论渊源

哈佛大学学者泰勒·科温(Tyler Cowen)和兰德尔·克罗茨内(Randall Kroszner)在1987年发表的《新货币经济学的发展》②一文中较系统地考察了新货币经济学的理论渊源。

一、分离货币两大基本职能说起源

(一)古典思想家的理论贡献

支付手段和计价单位的分离是从原始社会到法国大革命前货币制度的典型特征。"在久远的过去存在一种计价货币,人们每天都要对它们用做收支的工具——'弗罗林斯'(Florins)、'斯古荻'(Scudi)……重新制定一个价格。他们认

---

① "The New Palgrave Dictionary of Money and Finance"(1992),The Macmillan Press Limited,p 28.

② Cowen,Tyler and Kroszner,Randall(1987),"The Development of New Monetary Economics",*Journal of Political Economy*,pp 567-591

为在每天的交易中,这些用做收支的流通媒介是和其他商品一样的商品。它们的价格取决于市场,取决于决定一般均衡价格的无数经济和非经济因素。"①

18世纪启蒙思想家孟德斯鸠是最早提出分离货币两大基本职能的学者之一。他在1748年所著的《论法的精神》一书中描述了非洲人的"马居特"(Macute)。"马居特"是非洲人用来比较商品价值的抽象计价单位。它与任何现实物品都没有直接联系。例如:这头牛值10马居特,那个奴隶值15马居特……实际上这些物品是直接交换的。

苏格兰重商主义者斯图亚特认为,货币对经济系统的作用,从分析以抽象计价单位为基础的货币系统中可见一斑。这种与交易媒介分离的计价单位被称为"计价货币"。斯图亚特将这种抽象计价单位比喻成非洲的"马居特",它如同测量长度所用的恒定标尺。这种思想在后来以及现代的理论中经常被引用②。

苏格兰经济学家约翰·米尔(John Stuart Mill)在所著的《原理》(Principles)一书中也谈到"马居特"。与米尔同时代的经济学家约翰·格雷阐述道,分离货币的计价单位和交易媒介两项职能,将会保证宏观经济系统的稳定,因为萨伊定律在以物易物经济中是成立的。

---

① Einaudi, Luigi (1953), *The Theory of Imaginary Money from Charlemagne to the French Revolution*, In Enterprise and Secular Change: Reading in Economic History, edited by Frederic C. Lane. Homewood, Ⅲ, Irwin.

② Greenfield, Robert L. and Yeager, Leland B. (1983), "A Laissez-Fair Approach to Monetary Stability", *Journal of Money, Credit and Banking* 15, pp 302-315.

美国经济学家斯蒂芬·科尔韦尔(Stephen Colwell)从制度分析的角度提出区分"计价货币"和"交易媒介"的货币理论①。他评述了各种各样强调分离货币职能的货币改革建议,包括罗伯特·莫里斯(Robert Morris)和亚历山大·汉密尔顿(Alexander Hamilton)之间关于早期美国铸币制度选择的论战。科尔韦尔描述了美国和加拿大殖民时期的历史。在这个时期,尽管法国和英国的货币早就不再充当"交易媒介"了,但它们作为"计价货币"的功能却长久存在。这种被称做"账簿式以物易物"的制度一直延续到19世纪初。殖民时期美洲的这段历史是两大职能分离货币制度的实例②。

(二)近代思想家的理论贡献

刊登在1891年4月4日《解放》(Liberty)期刊上的一篇题为《法国革命》的文章,被经济史学家视为近代新货币经济思想的开端③。这篇文章谈到货币两大职能分离的进化趋势,并提出在这种进化被允许以自由的形式出现时,银行业就会自动促使货币这两种职能的分离。

随后惠蒂克、韦斯特拉普、基特森发展了新货币经济关于分离货币两大职能的思想,并加以系统化,形成了惠蒂克-韦斯特拉普-基特森理论。

威廉·惠蒂克(William Whittick)和阿尔弗雷德·韦斯

---

① Colwell, Stephen A. (1859),"The Way and Means of Payment", Philadephia: Lippincott.

② Baxter, W. T. "Accounting in Colonial America" (1957), Studies in the History of Accounting, London: Sweet & Maxwell.

③ Whittick, William A. (1896),"*Value and an Invariable Unit of Value: An Important Discovery in Economics*", Philadephia: Lippincott press.

特拉普(Alfred Westrup)是美国19世纪后期首先将货币职能分离和自由银行理论结合起来的学者。惠蒂克在1896年所著的《价值和一个不变的价值单位》(Value and an Invariable Unit of Value)①一书中提出：(1)货币应该只是单一的价值尺度；(2)它的单位完全是主观臆定的；(3)不是任何商品的代表；(4)它的价值不随任何商品的价值波动而改变。交易媒介则是从任何可交易财富的货币化形式里派生出来的。与许多其他新货币经济思想家一样，惠蒂克认为金本位的存在是垄断干预的结果。他指出具体的金属不能作为价值标准，因为金属本身的价值是不断变化的。那些坚持金属价值本位的观点是没有分清货币和取名为货币那种商品之间区别的结果。其实两者各自有独立的作用。前者是人们用来表示价值多少的手段，后者是用于帮助方便财富的分配韦斯特拉普赞同自由银行和混业银行制度。他建议用抽象单位而不是商品单位计量经济价值。惠蒂克和韦斯特拉普都提出废止"银行业垄断"(Banking Monopoly)。

亚瑟·基森(Arthur Kitson)于1895年所著的《货币问题的科学解决方法》(A Scientific Solution of the Money Question)一书②是早期新货币经济思潮关于抽象计价单位理论的重要代表。基森提出在发行可代表所有财富的交易媒介的同时，用一种抽象的计价单位计量经济价值。这就是惠蒂克-韦斯特拉普-基森纯抽象计价单位理论的主要思想。

---

① *Liberty*, Published from 1881 to 1908, was edited by Benjamin Tucker. It was devoted to the discussion of the political, social and economic issues of the day, primarily from an "individualist" point of view.

② Kitson, Arthur(1985), A Scientific Solution of the Money Question, Boston: Arena.

(三)早期新货币经济思潮论战

1.与比尔格兰姆的争论。基森的著作发表不久,比尔格兰姆(Bilgram)在《解放》期刊上发表了长篇评论,对基森的观点提出挑战。比尔格兰姆认为"用于比较价值或计量经济价值的手段本身必须要有价值"①。他认为基森的抽象计价单位作为计量经济价值的工具存在缺陷。他重申了"实际商品计价单位"主张,并强调纯抽象计价单位在经济系统中不能成立,因此没有意义。

基森立刻在《解放》刊物上进行了反驳。他回答到,抽象计价单位可按照某一给定日的任何商品价值等于1来定义,然后用此对所有商品定价。这种价值与原来商品的联系应该在实际市场活动中被切断,只取抽象的计价单位。市场上的交易者参考前一日的抽象计价单位价格定出当天的价格。尽管抽象计价单位可以追溯到那件原始商品,但它实质上是从这种时间序列中产生出来的②。基森的这种抽象计价单位与冯·密塞斯描述的货币起源过程非常相似。

2.与格里弗兹·费希尔的争论。格里弗兹·费希尔(Greevz Fisher)对惠蒂克-韦斯特拉普-基森理论的纯抽象计价单位提出了更加严酷的挑战。他指责货币职能分离说没有实用价值,也不可能从自由竞争机制中产生出来。费希尔认为,在看不见手的作用下,某一种商品会自然成为最畅销的商品(如:黄金),那么它就是货币③。可销售性是货币最显著的特性。尽管在某种意义上,所有商品都可以充当交易媒

---

① *Liberty*, April, 1895, p 3.
② *Liberty*, June, 1895, pp 6-8.
③ *Liberty*, April 1897, p 7.

介(它们的相对交易速度可能不同),只有最畅销的那种商品才会被当成价值单位名称。费希尔得出的结论是:"充当价值标准的只能是众多可交易商品中的一种。所有商品都是交易媒介,只有一种商品是价值尺度。"费希尔提出"在所有商品中,只有最具可交易性的商品才会演变成价值名称",并肯定这是不可"避免"的结果,但没有对此作出具体的说明。

面对挑战,基森从1909年5月至1910年底,连续发行了一种名为《公开评论》(Open Review)的期刊。在这种期刊上,基森猛烈抨击了金本位制度。他在两篇宣言式文章①——《新金融学流派》(The New School of Finance)、《价值本位的欺诈》(The Standard of Value Fraud)中归纳了自由银行和货币职能说的主要思想。

3. 与亨利·希摩尔的争论。亨利·希摩尔(Henry Seymour)提出黄金价值的不稳定性主要因苏格兰银行的政策制度引起,并非金本位自身的问题。金本位尽管不够完善,但不应该废止。因为以金本位为规则的自由银行业是可能实现的最稳定的制度。

基森和缪纶(Henry Meulen)共同回击了希摩尔的观点,针锋相对地指出,抽象计价单位货币制度比自由竞争的金本位制度更具优越性,因为它甚至能完全反映黄金的价值变动。缪纶提出,用金属价值作为价值尺度的明显缺陷是,金属本身是人们的欲望之物,它构成金属价值波动的力量,而且及可能被人垄断。这就如同用马来树胶作丈量标尺,它有时可伸长到40英尺,有时又会缩短到30英尺。然而,量度标准本身是绝对不应该变化的。

---

① *Open Review*,May 1910,pp 6-8.

二、"法律限制"说起源

(一)"法律限制"一词的来源

1891年4月4日,《解放》期刊刊登了一篇从《加尔维斯敦新闻》(Galveston News)上摘录的题为《金融进化论》(Evolution in Finance)的文章。这篇文章第一次明确地提出了"法律限制"思想。文章指出:"为什么自由进化论者认为金本位是自由进化的结果,而并不认为交易媒介也是自由进化的结果呢?他们一定认识到是法律强加给了这些交易媒介一个百分比的含金量。法律阻碍了自由进化的进程。"

雨果·比尔格兰姆(Hugo Bilgram)于1894年出版的《货币问题研究》(A Study of the Money Question)[①]一书,是"法律限制"思想形成的重要标志。他较详细地分析和提出了不必对货币供给数量加以限制的观点。

基森和缪纶于1909年发起了"银行业和通货改革联盟"组织。"联盟章程"(Statement of Principles)的宗旨是要废止"皮尔条例"(Bank Charter Act)和类似阻碍自由银行业的一切"法律限制"。"法律限制"(Legal Restrictions)一词用来指造成英国当时那种非自由银行制度的力量。"银行业和通货改革联盟"关注的中心问题是货币进化和法律限制对进化结果的影响。因此"联盟宪章"是一幅以丰富的史实和例证,用新货币经济思想对当时英国银行业所作出的素描。

(二)缪纶的贡献

亨利·缪纶(Henry Meulen)是早期"法律限制"理论最

---

① Bilgram, Hugo(1894),"A Study of the Money Question", New York: Humboldt.

重要的代表之一。他于1934年出版的《自由银行》一书是迄今为止惟一一本完整的新货币经济学著作。缪纶理论的核心是"货币职能分离和外在货币的消失是自由竞争的自然结果"。他提出一种"银行券"货币。这种"银行券"是一种固定的计价单位。用这种"银行券"表示的黄金价格可随市场的供给需求状况自由浮动。所有相对价格都用这种"银行券"表示。因此"银行券"与黄金的关系和与其他商品的关系没有区别。黄金供需状况的变化不影响一般物价水平，只影响用"银行券"表示的黄金价格。交易媒介由商业银行"弹性"(Elastically)发行的银行券充当。

缪纶认为他的这种货币系统具有几大优点：(1)它能够使交易合同和其他跨期交易的价值稳定不变。(2)由于银行可以在比目前更广泛的安全保障下发行"银行券"这种交易媒介，所以这种货币系统更安全(挤兑危机更小)。(3)对黄金需求和供给的增加不会影响实际经济活动。国际黄金扰动既不会危及银行安全，也不会影响经济活动。

缪纶《自由银行》涉及的另一个重要问题是，货币职能的分离是否能够在自由银行制度下自然进化而成。他将货币进化规律和实例结合起来考察，详细描述了这种制度通过市场机制的演进路径。他在研究苏格兰银行截至1845年历史的基础上(这是一段某种程度的自由银行制度历史)，提出自由银行制度是一种"惜金"(Economize on the Use of Gold)的激励机制，即"银行学派"指出的苏格兰自由银行的重要特征。这种激励机制通过提高银行的信誉、期权条款运用的效率以及金融安全监督机制的完善而获得。由于国际间存在的不同银行制度，黄金会从实行自由银行制度的国家流向没有实行自由银行制度的国家，因此自由银行制度国家的商业银行会在最大程度上提高黄金的使用效率,即尽可能地减少实际黄金形式的流通手段。这种"惜金"倾向的结果是,商业银行仅以自身的信誉而不是黄金来为其发行的交易媒介作保证。"在更先进的社会里,信誉运用的增加是以合同和所有人际关系间的许诺为基础的……这个过程是劳动分工和专业化不断发展的结果之一……因此,随着文明的发展,货币实物的转移与支付就会被信誉文件的转移交付所取代。"货币制度必然发展成为没有黄金作基础的银行券制度。竞争和吸引新顾客,留住老顾客的欲望迫使银行提高自身的信誉。随着银行信誉的提高,银行会越来越少地依赖黄金储备。结果是以黄金为基础的货币消失。

"早期的苏格兰银行发行一种期权条款银行券。人们在交易中按面值接受这种银行券,而不必要求兑现黄金来完成这种银行券的支付功能。这样,银行停止担任黄金仓储的角色,而更多地被当成了公正的价值中介人。兑付黄金的任务转交给了职业金匠。"缪纶分析了英国银行法对苏格兰银行制度自然演进的影响后指出,苏格兰银行就是按照这样的路径,朝着理论上这种自由银行制度方向发展的。这种发展趋势直到1765年,期权条款被法律禁止后才中断。缪纶因此得出结论,是"法律限制"阻碍了苏格兰银行发展成完全自由竞争体系的进程。

缪纶认为货币职能的分离和纯计价单位的出现,同样是"惜金"机制的结果。由于黄金更少地作为货币用途,它的非货币用途对其价值的影响越来越大。随着黄金价值越来越取决于其非货币用途,如同其他商品,黄金渐渐失去了充当价值标准的优势。缪纶还强调"黄金影响价格体系的稳定,并因此成为不恰当的价值单位基础"。只有抽象计价单位制度才能与自由竞争银行制度相适应。因为它能更加有效地保证银行信用券持有人能够兑现一定价值的黄金,而不是一定重量的黄金。

(三)威廉姆斯和费雪的影响

美国经济史学者斯科特·萨姆内(Scott Sumner)提出,新货币经济学"稳定计价单位"思想与威廉姆斯(Williams)和费雪(Fisher)的"补足货币方案"存在直接的理论渊源关系[1]。

萨姆内在详细考证的基础上列举道:(1)新货币经济学的重要代表格林菲尔德(Greenfield)和伊格尔(Yeager)提出的"每1元现金的价值可以兑现为固定购买力黄金量"的观点,与威廉姆斯-费雪"货币补足方案"一脉相承。(2)新货币经济学代表布莱克指出,"当物价上升时,黄金价格下跌;当物价下跌时,黄金价格就会上涨。在这个过程中,计量物价指数水平所花费的时间造成物价调整的延缓。"关于这种观点,威廉姆斯早在1892年就提出过,每英镑所含黄金的重量应该根据每天特定的一组商品价格变动作同比例调整。费雪也在1920年提出美元含金量应该每两个月根据综合物价指数作相应调整。中央银行应收取1‰的黄金运送"铸币税",以消除由于计量物价水平信息滞后而可能引起的黄金市场投机性波动。可见,他们的稳定货币思想如出一辙。(3)为了避免信息滞后造成的物价指数调整偏离,新货币经济学代表霍尔提出将计价单位和一定量的四种特定商品相

---

[1] Sumner, Scott(1990), "The Forerunners of 'New Monetary Economics' Proposals to Stabilize the Unit of Account", *Journal of Money, Credit, and Banking*, pp 109-118.

联系(铝、铜、复合木材、硝酸铵)。威廉姆斯则早已指出过,要将黄金的价格和只包括那些交易最频繁商品的物价指数相联系。他们都认为如果物价指数篮子的商品价格不稳定,一般物价也会变得不稳定。两种理论的亲源关系由然可见。

因此,萨姆内的结论是,稳定的物价机制是新货币经济学的一个重要命题。布莱克、法玛、霍尔、格林菲尔德以及伊格尔所提出的货币系统都是以计价单位稳定为最重要的特征。然而,威廉姆斯-费雪系统是强调稳定货币价值体系的早期经济理论代表。尽管"货币补足方案"中的计价单位是和固定购买力的黄金量相联系,但这种机制实质上强调的是商品篮子才是真正的"本位",黄金只是用来当做银行券购买力的物质保证。因此,威廉姆斯-费雪系统是新货币经济学的一个重要理论来源。

(四)哈耶克思想的踪迹

陈观烈教授在1998年《金融学科发展中值得注意的几个问题》中提出,哈耶克的自由银行主张与新货币经济学的理论有许多共同之处。新货币经济学的学者们引用哈耶克自由银行的观点颇多。因此哈耶克自由银行理论应该被视为新货币经济学理论来源之一。

哈耶克在《货币非国家化》、《未来价值的货币尺度》、《自由宪章》中指出:"我们要拥有良好的货币,惟一的希望在于把货币的垄断发行权从政府手中夺回来,将它交给私人去做。""就目前的情况看,完全剥夺政府的货币权力要比防止它们滥用这种权力容易得多。""……政府没有理由禁止公众使用其他形式的交易媒介,不论这些交易媒介是某种商品还是其他机构发行的货币,也不论它们是国内的还是国外的。保护个人自由最重要的手段之一,就是用宪法来禁止在和平时期对使用各种形式的货币或贵金属进行交易施加限制。"

哈耶克认为,在货币的演进过程中,本来有机会出现许多私人货币共存的局面。这些货币之间并不保持固定的兑换比例,因而不会出现复本位制下"劣币驱逐良币"的现象。然而政府为了获得铸币税,垄断了货币发行权,终止了私人发行货币的实践。

显然,从哈耶克的这些论述中,我们不难找到新货币经济学的"法律限制"理论的影子。

第二节 早期新货币经济思潮的产生

早期新货币经济思潮的产生有着深刻的历史背景。它是在与各种理论学说的激烈论战中产生和发展的。现代新货币经济学则是在对早期新货币经济思潮的批判性继承基础上形成的。因此,考察早期新货币经济思潮对传统货币理论的否定,对相近理论的借鉴,以及与现代新货币经济学的异同,将向我们呈现一条清晰的、新货币经济学发展的历史脉络。

一、对传统货币数量论的批判

传统货币理论是以货币数量论为主流理论的体系。货币数量政策引发的问题以及货币数量论与一般经济理论的"两分"局面,都使其不断受到质疑。早期新货币经济思潮正是在与传统货币数量论的论战中萌芽和发展起来的。这个历史背景注定了早期新货币经济思潮与传统货币数量论的理论分歧。早期新货币思潮与传统货币数量论的分歧可归纳为三个方面:

(一)货币与黄金的关系

传统货币数量论和早期新货币经济思潮都是以货币对宏观经济体系的影响为主要命题的理论体系。但两者在货币与黄金关系问题上的结论却完全相反。传统货币数量论以黄金作为货币本位,认为一切货币问题的根源都在于纸币数量与黄金价值的背离。早期新货币经济思潮则认为,货币在经济系统中扮演着重要角色,然而是一种破坏性角色。这种破坏性的根源就在于人为地将货币与黄金或其他商品联系起来。正是货币与本位商品之间的兑现机制,使经济受制于变化无常的本位商品供需状况。在这种货币体制下,无论中央银行对黄金或其他货币本位商品采用什么样的管理手段,都不可能使经济系统达到真正稳定(原因见下一节"法律限制"中的分析)。他们认为货币问题完全是由于一种商品(如黄金)或货币在经济中的特殊地位所造成的。正是货币的这种特殊性形成了对经济系统的巨大破坏力。因此,早期新货币经济思潮认为传统货币数量理论对货币现象的分析是一种非常错误的分析,因为它忽略了引起经济系统失衡的最根本因素。

(二)"法律限制"的危害

传统货币数量论者指出,为了消除货币对经济系统的干扰,中央银行实行货币数量控制是必要的。他们认为货币数量控制制度比放任自由货币制度的弊端要小得多。早期新货币经济学者却针锋相对地反驳到:"法律限制"是经济系统稳定的最大障碍。因为它实际上维护和强化了"货币"的特殊地位。国家法律制度的结果是垄断、特权以及对经济变量进行与公众利益相悖的操纵。因此,"自由经营"和"公共选择"问题成为早期新货币经济思潮的核心。

（三）对货币职能的认定

传统货币理论认为，货币是集交易媒介和价值尺度两大功能于一身的"一般等价物"。早期新货币经济学者却提出，分离货币两大基本职能至关重要。他们提倡实行一种抽象的计价单位，市场上充当交易媒介的物品都以这种抽象计价单位定价。抽象计价单位不以任何商品为本位。显然，货币两种职能的分离，意味着按照货币数量论定义的物价水平不再有特别的意义，充当交易媒介的商品（例如：黄金）的供需变化也就失去了影响实际经济活动的途径。

可见，新货币经济思潮萌芽于对传统货币数量论的批判之中，也是在与传统货币数量论的论战中，新货币经济思潮得到迅速发展。

二、对相关理论的借鉴

对相关理论的借鉴，是早期新货币经济思潮产生和发展的另一个重要因素。根据现有的历史资料考证，早期新货币经济思潮与奥地利学派和自由银行学派有着最近的亲源关系。

（一）与奥地利学派的亲源关系

以门格尔（Menger）和米塞斯（Mises）为代表的奥地利学派（Austrian School）认为，货币起源于分散的连续决策过程。货币的购买力产生于经济个体在市场上讨价还价的自然交易行为。对货币制度的信心形成了一种预期，这种预期赋予了交易媒介价值。这种货币制度的自然进化论是奥地利学派理论的重要组成部分。

早期新货币经济思潮的代表——基森与缪纶借鉴和发展了这种理论。他们提出，抽象计价单位和货币职能的分离是货币制度未来演进的必然结果,并阐述了这种进化的路径。

(二)与自由银行学派的亲源关系

以哈耶克为先驱的自由银行学派认为,实行对金融业不加任何管制的自由银行制度,不仅可以得到稳定的物价水平,而且能够避免银行危机的出现。他们认为危机的根源不在于自由竞争或监管不严,恰恰在于政府对金融机构和金融市场的干预。正是政府的监管,如准备金制度、最后贷款人角色、存款保险机构等,削弱了市场规则,金融机构因此而敢于铤而走险。结果往往是一家银行出现危机,迅速波及大量银行,直至整个金融系统崩溃。而在自由放任的银行体系中,即使有银行破产也只是小范围事件,不会危及整个金融系统。1845年以前的苏格兰,实行的就是自由银行制度。各家私人银行竞相发行自己的银行券,银行破产事件很少发生。

早期新货币经济思潮关于"法律限制"的理论是自由银行理论的借鉴和发展。它将自由银行理论引入对货币制度形成问题的探讨,并得出与自由银行理论相似的结论。

因此,奥地利学派和自由银行学派的理论观点是早期新货币经济思潮的产生和发展的重要思想来源。

三、与现代新货币经济学的异同

作为现代新货币经济学的思想渊源,早期新货币经济思潮决定性地规范了新货币经济学的理论特征。现代新货币经济学承袭和发展了早期新货币经济思潮对货币职能分离问题和"法律限制"问题两个主要命题的研究。因此,早期新货币经济思潮和现代新货币经济学在理论框架和基本命题上是一脉相承的。但是两者在研究方法和一些重要观点上存在明显差异。这种差异可归纳为以下三个方面。

第一,早期新货币经济思潮奉行自然进化论的思想,认为现实中的货币及货币购买力是自然进化的结果,货币职能分离和自由银行制度也将是进一步自然进化的必然结果。现代新货币经济学则认为,现实中的货币和货币购买力是政府法律限制的结果。不同的法律制度安排将产生完全不同的货币机制。因此主张重新定义货币,改革货币制度。

第二,在研究方法上,早期新货币经济思潮提出取消法律限制后,货币职能就会自然分离,即注重一种理论逻辑推理。现代新货币经济学则强调运用数学模型对取消法律限制后货币均衡的轨迹进行跟踪。因此,现代新货币经济学更加关注法律限制经济效果的验证。

第三,自由竞争是早期新货币经济思潮和现代新货币经济学共同关心的问题。但两者的视角存在很大区别。现代新货币经济学从货币的价值储藏功能角度研究问题,提出政府通过法律限制获得非线性收益,并因此而降低了社会总福利水平。现行的货币制度,造就了不同收益率共存现象。早期新货币思潮并不太关心价值储藏手段和不同收益率问题,他们更加强调计价单位的稳定性,更加关心交易媒介的供求波动对宏观经济的影响问题。他们认为在自由竞争机制下,货币制度会自然演进到货币职能分离的理想状态。

应该看到,现代新货币经济学是早期新货币经济思潮的承袭,但更是早期新货币经济思潮的发展。新货币经济学对更本质的问题进行着更加深入的探讨。

第三节 现代新货币经济学的发展

20世纪80年代后,新货币经济理论得到迅速发展。新货币经济学的形成和发展有着理论和实践两个方面的原因。

一、来自理论方面的原因

如前所述,传统货币理论由于理论体系的内在矛盾而受到普遍批评。首先是"两分法"问题。长期以来,传统货币理论不能与一般价格理论相融。相对价格的决定问题(一般价格理论)与绝对价格的决定问题(货币理论)互不相干,形成了货币理论和一般均衡理论两套各自独立的理论体系。长期以来,很多经济学家努力尝试将"货币"因素纳入一般价格理论体系,试图建立一个统一的经济理论体系,如"瓦尔拉—希克斯—帕廷金传统",但都由于不能回答"哈恩难题"而告失败。货币理论的微观基础问题一直困扰着货币理论的发展。因此传统货币理论努力尝试建立微观货币理论,解释为什么货币会存在,为什么货币是重要的,并在此基础上将货币因素加入宏观经济模型中,考察货币与经济增长的内在关系,维护已有的货币理论体系。然而,这些都没有能够真正解决传统货币理论的根本问题,而且许多已有的理论都与现实相去甚远。正是在这样的背景下,新货币经济学以全新的思路探讨货币问题,提出"货币"与"非货币"之间并无本质区别,并从货币与各种金融资产的替代效应出发,对传统货币理论的理论基础提出质疑。新货币经济学主张淡化乃至取消货币在经济活动中的特殊作用,从而彻底推翻传统货币理论的思维定式。这就是新货币经济学形成的理论原因。

二、来自实践方面的原因

从20世纪30年代凯恩斯主义到60~70年代的现代货币主义,传统货币理论的货币政策都没有能够真正解决货币微观基础难题。1979～1982年的"货币主义实验"失败,加剧了人们对传统货币理论的怀疑。

20世纪80年代后,伴随着电子支付技术的飞速发展,货币系统发生了深刻变化。无现金经济正在从根本上改变着传统货币体系的重要特征。由于各种金融创新为商业银行规避传统货币管制提供了技术保证,各国中央银行不得不放弃对商业银行的大量强制性规定。"技术上的变化埋葬了旧的货币理论,却没有托起一种新的理论"。越来越多的人开始谈论"无现金社会"的前景。新货币经济学一反传统理论先接受"货币"的存在,然后再研究"货币"作用的思维惯性,以"取消货币又如何"的全新思路探讨货币问题。新货币经济学的理论观点和预期受到越来越多的关注。应该承认新货币经济学的产生、发展和复兴是人类经济一步步向更高信用社会发展的必然产物。它在某种程度上揭示了经济发展规律,顺应了历史发展趋势。这就是新货币经济学形成的现实原因。

第五章

"法律限制"说

"法律限制"说是新货币经济学的重要理论之一。"法律限制"是指现行的货币制度使货币在经济中占据了特殊地位。这个现实不是自然演进的结果,而是"法律限制"的结果。"法律限制"说通过分析现行货币制度存在的原因、条件和代价,指出这种货币制度是靠"法律限制"支撑的。

第一节 资产收益悖论问题

货币经济系统中存在一个有目共睹的资产收益悖论现象,这就是一方面存在无风险生息债券,另一方面却存在不生息的纸币。无风险生息债券指债券持有人在未来的某一时间,能确定无疑地兑现债券所承诺的本金和利息,一般为政府债券,例如储蓄债券、国库券。纸币实质上也是政府发行的债券,但是,持有纸币是不生息的。经济理论有一个基本定理————价定理,即在有效市场上,套利行为的结果必然使两个完全相同的物品(或完全替代品)的价格相等,或者说,在完全替代品之间,如果价格不相等,价格高的那一种必然会被驱逐出市场。然而,人们无法解释"为什么存在带有利息或利润债券的同时,人们仍然愿意持有不生息的纸币"。新货币经济学对这个现实中的资产收益悖论进行了如下考察。

一、债券的发行价问题

如果无风险债券与纸币具有同等的交易媒介功能,人们就没有理由持有不生息纸币。换言之,只有使无风险债券不具备与纸币相同的交易媒介功能,两者才能共存。那么是什么原因阻碍了生息债券的交易媒介功能呢?

从对现实的考察中我们看到:政府债券(以美国为例)主要以两种形式存在——储蓄债券和国库券。储蓄债券尽管以各种小面额发行,但法律规定不能转让。国库券虽可转让,但无一例外地都以大面额发行,大多以 10,000 美元为单位。不言而喻,储蓄债券的不可转让性和国库券的大面额阻碍了债券的交易媒介功能。

假设政府开始发行小面额可转让债券,如 20 美元、50 美元、100 美元等,而且都为一年期债券。如果这些债券除了印刷成红颜色以区别绿颜色的美元现钞之外,与纸币别无区别的话,人们就会看到这样的情景:债券在临近到期日的时候折价发行(债券生息),人们必然会争相购买债券,放弃纸币。因为债券增值无疑,而纸币不能。如果每个人都选择持有债券,纸币无人持有,纸币退市。债券和纸币不能共存。因此,在临近到期日时,债券必须按面值发行。只有在离到期日稍远一点的时候,债券才可折价发行(保证债券生息)。然而,这个稍远到期日与临近到期日的关系,如同临近到期日与到期日的关系。如果这时债券折价发行,同样会出现临近到期日时的情景——人们争相抢购债券。同理,这时债券和纸币不能共存。如果我们重复上述过程,将债券不断向最初发行日推近,即离到期日越来越远,显然,在其他条件不变的情况下,这个期间任何日期发行债券,都只能按面值发行。因此,"法律限制"说的结论是:小面额债券只有按面值发行才能与纸币共存。

进一步分析,如果这些小面额债券都以面值发行,那么就不存在任何激励因素使这些债券在到期日时得到兑付。它们会继续滞留在流通领域,同化成纸币,即真正的生息债券不复存在,经济中只有纸币。显然,小面额债券不可转让的"法律限制",是小面额债券到期兑现和折价发行而对纸币无冲击的保证。

二、债券的拆零问题

对单个消费者而言,国库券必须以大面额发行的"法律限制",从另一个方面阻碍了债券的交易媒介功能。它足以解释为什么一个持有10美元或20美元纸币的人,不会将其转换成国库券,即使后者有收益的现象。

然而,金融机构在大面额生息债券和小面额纸币之间的套利原本是可以有所作为的。我们借助下面这个例子来说明这个拆零问题。假设,以1磅为一个包装单位的黄油,售价为每磅1美元,同时以100磅为一个包装单位的黄油,售价为每磅25美分。如果将造成市场上这种差价的原因归咎于仅仅因为搬运或储藏大包装黄油不方便,使得单个居民户不愿意花25美元买100磅黄油,显然是不充分的。因为如果有足够便宜的方式将大包装改成小包装,而且能自由从事这种改装的话,这种差价就会从市场上消失。也就是说,如果能自由将大包装改成小包装,那么最低的改装成本就是大包装的1磅黄油和小包装的1磅黄油差价的上限,即批量销售折让。同理,假设有一个金融中介机构不从事任何其他业务,专门购买无风险债券,如国库券,然后发行一些小面额的可转让债券。这些小面额可转让债券与金融机构自己持有的国库券持有期完全一致(一笔完全保值中介业务),那么金融机构发行的可转让小额债券与它们持有的国库券一样是一种无风险债券。金融机构这种中介业务带来的结果与政府发行小面额可转让债券的结果完全相同。

由于金融机构这种中介业务的收入来自于折价购进大面额无风险债券和高价销售小面额可转让债券,因此在允许自由进入这种"拆零"业务的条件下,政府发行无风险债券的均衡折价率必须足够小,以使这种"拆零"业务规模的任何扩大都无利可图,即政府无风险债券的折价率刚好等于"拆零"业务的最低成本。显然,在自由竞争市场中,使生息无风险债券和不生息纸币并存的充分条件是,无风险债券名义回报率的上限等于金融中介"拆零"业务的最低成本。因为,它消除了金融中介从事"拆零"业务的激励因素,进而阻止了金融中介的"拆零"行为。

三、债券市场上的交易摩擦

"拆零"总成本(交易摩擦)来自两个方面:金融机构从事金融中介业务的营运费用和缴纳给中央银行的现金发行和保管费用。根据初略的估算,多数金融中介业务,例如货币市场共同基金,都只有1%或更少的溢价收入。因此,金融机构发行国库券支持的小面额可转让债券的收益也没有理由比从事其他金融中介业务高。这就是说,由于这类金融中介业务的折现率接近于零,所以无风险债券的名义收益率在自由市场条件下也应该接近于零。因此"法律限制"说的结论是:要么在自由竞争条件下,名义利率接近于零,纸币和无风险债券共存;要么依靠"法律限制"使纸币和无风险生息债券共存。这个结论和萨缪尔森描述的两种可能性几乎完全一致:"事实上有一种可能,在没有交易摩擦和不确定性的世界里,任何两种资产间的收益差异都没有理由存在。因此,货币和债券之间的收益应无差异。希克斯对此的结论是债券将没有利息,而是与货币的收益保持一致。或者说,另一种可能性是货币会不断调节自身收益以保持与债券收益一致。在这样的世界里,债券本身会和货币一样流通,并在交易中和货币具有相同的普遍接受性。银行的活期存款会像美国20世纪20年代的情景一样有利息。"

现实中存在生息债券,也存在不生息纸币。显然,货币经济中这种与"一价定律"相悖现象的根源在于,存在"摩擦"。如果说政府债券没有不确定性(风险),金融中介"拆零"业务也是完全保值性业务,那么这里惟一的"摩擦"就只能是"法律限制"了。"法律限制"说指出,正是"法律限制"维持了货币经济中的这个"资产收益悖论"现状。

第二节 货币政策有效性问题

在自由竞争条件下,政府的"拆零"业务成本与私营金融中介机构相同。因为"拆零"的单位成本不取决于业务数量,而是相同时点上所能获得的"拆零"技术。对政府和私营金融中介机构而言,生产和发行小面额不记名债券所需承担的这种连续平均技术成本完全相同。因此,中央银行的货币政策在自由竞争条件下没有实质性经济效果。下面我们以中央银行公开市场操作为例,说明在自由竞争条件下,货币政策没有实质性效果。

如果中央银行在公开市场上购买国库券,私营金融中介机构就会持有更少的国库券,而持有更多的货币。在自由竞争条件下,私营金融中介机构必然会减少发行自制的可转让小面额债券,使经济系统恢复均衡状态。私营金融机构的这种紧缩行为将完全抵消中央银行在公开市场上购进国库券,抛售货币的效果。因此中央银行在公开市场上买进国库券行为的效果只是将既定经济资源的分配从私营部门转移到政府,即由中央银行取代私营部门生产和发行可转让小面额债券。除此以外,对任何其他经济因素,如利率、物价、生产水平都没有影响。

因此,在自由竞争条件下,中央银行只有在实行"自亏"行为的时候,即从事成本高于收益的公开市场业务,才可能达到既定政策效果。例如:在黄油买卖中,如果政府以低于成本的价格卖出小包装黄油,那么即使私营部门能够自由进入这项业务,政府的营业也有绝对重要的意义。同理,如果中央银行可以在承受损失的情况下,以低于市场利率提供贷款,那么中央银行的贷款行为将产生重要效果,因为除中央银行外,市场上不可能再有这种利率的贷款。

然而,如果对私营金融中介机构设立法律限制,情况就会大不一样。假设法律规定,只有政府才有从事将大包装改成小包装的权利,那么政府对"拆零"业务规模的选择就变得至关重要。如果政府选择的业务规模与在没有法律限制条件下一样,那么"法律限制"暂时不起作用。只要政府选择更低水平的产量,"法律限制"就产生作用了。"法律限制"作用的强度表现为大包装与小包装之间的差价,以及这种差价程度与没有"法律限制"时的比较。各国国库券的折价率就是"法律限制"程度的一个很好评判指标,因为不生息纸币与生息债券收益率差额是靠"法律限制"维持的。

因此,"法律限制"说的结论是:货币政策效果的实现,要么在自由竞争条件下,中央银行实行上述"自亏"行为,使私营部门不能获取套利机会;要么只有依靠"法律限制"了。

第三节 资源配置效率问题

布莱恩特(John Bryant)和华勒士在 1984 年发表的《货币政策的价格歧视分析》(A Price Discrimination Analysis of Monetary Policy)[1]一文中,用世代交叠理论较详细地论证了"法律限制"造成的资源配置低效率现象。他们认为,如同贸易障碍造成资源浪费一样,"法律限制"提高了私营金融中介机构的成本。政府限制私营中介机构发行小面额可转让债券,如同在借出者和借入者之间竖起了一道屏障,增加了交易"摩擦",阻碍了帕累托最优效用的实现。

由价格歧视理论可知,如果商品出售者有某种独占力量,并获得在几个分离市场销售商品的机会,差异化标价,即价格歧视,就可使其达到总利润最大化的目标。利用价格歧视获得差异化收益的必要条件为:(1)不同市场之间的套利机会不存在,即市场隔离;(2)按需求对客户进行分类可行;

---

[1] Bryant, John and Wallace Neil(1984), A Price Discrimination Analysis of Monetary Policy, *Review of Economic Studies*, L1, pp 279-288.

(3)存在差异化需求。当这些条件同时得到满足时,对供应商而言,差异化标价比统一标价会更有利可图。因为,"与统一标价相比,差别标价不仅更能接近一个特定顾客准备支付的最高价格——他的'保留价格',也能为那些无力按统一价格购买的客户提供产品和服务,或者吸引他们比统一价格时消费得更多"。

庇古(Pigou)将价格歧视分为三级:第一级价格歧视,也称完全价格歧视,是对商品的所有不同单位都标出不同的价格,使每个单位标价都等于需求价格,以达到赚取全部消费者剩余的目的。第二级价格歧视是对完全价格歧视的逼近,即指定 n 种不同价格,使所有具有保留价格大于 P_1 的消费者都按 P_1 消费,大于 P_2 的消费者按 P_2 消费……消费者被划分为 n 个组,每组只有一个价格,这样尽管某些消费者可能保留一定的消费者剩余,但所有保留价格大于 n 的消费者都享受到产品和服务,即有更多的消费者比在没有差异化定价时获得产品和服务。第三级价格歧视是在消费者中划分出 n 个组,每组规定一个不同价格。与第二级价格歧视的区别是,它可能会在某个市场拒绝满足某种需求价格,例如那些保留价格低于所在市场,但高于另一个市场的消费者。

新货币经济学者布莱恩特和华勒士认为:政府的两种负债形式——纸币和无风险债券原本是两种完全替代物品。但是政府对私营金融中介机构的"法律限制",使得这两种负债产品的"市场"隔离,因而排除了不同"市场"之间的套利机会,使政府在货币经济系统中处于垄断地位。因而"法律限制"构成了一个完全的价格歧视条件。政府因此获得了一种非线性通胀税收益(Nonlinear Inflation Tax),它带给政府比只发行纸币所能征得的线性通胀税(Linear Inflation Tax)更

优厚的收益。布莱恩特和华勒士的分析如下:

一、"法律限制"与歧视价格

"法律限制"使政府成为储蓄机会的惟一供给方,即政府的负债是储蓄者面对的"惟一"选择(All-or-Nothing Choice)。因此,政府就可以利用小面额纸币和大面额债券得到的储蓄的非线性回报率安排(Nonlinear Rate of Return Schedule)。新货币经济学给出了一个静态、纯交换、分期经济模型。

(一)对初始禀赋、偏好和技术的假设

假设 t 为一个整数,表示日期。当 $t=1$ 时表示目前或初始日期。在每一个 t 日期,都有 N 个人数的新一代(t 代)出现,它出现在 t 经济和 $t+1$ 经济中。代与代之间没有差别。每个 t 期只有一种消费品。t 代的每一个成员都被分配一定数量的 t 期物品,$W_1>0$,和一定数量的 $t+1$ 期物品,$W_2>0$。就偏好而言,0 代的每一个成员(在 $t=1$ 期时是他们生命的第二期或最后一期)都会最大化地消费他们在 $t=1$ 期的物品。而 t 代,$t>0$ 的每一个成员偏好为 $U[C_t(t),C_t(t+1)]$,其中,$C_t(t+i)$ 是 t 代的一个成员对 $t+1$ 期物品的消费。

(二)对政府的假设

假设政府在所有 $t \geqslant 1$ 时间消费 $G \geqslant 0$ 单位的 t 期物品。政府融资和支出的惟一办法是实行赤字。它可以发行纸币,也可以折现发行一期无风险债券。t 期发行的债券是 $t+1$ 期既定数额纸币的所有权证。因此,政府的现金流量约束为

$$G=p(t)[M(t)-M(t-1)]+p(t)P_b(t)B(t)-p(t)B(t-1) \tag{5.3.1}$$

式中:

$p(t)$——用 t 期物品表示的 t 期单位纸币价格;

$M(t-1)$——公众持有的从 $t-1$ 期到 t 期的纸币存量;

$B(t-1)$——政府在 $t-1$ 期发行的用 t 期纸币单位表示的债券总面额价值;

$P_b(t)$——用 t 期纸币价格表示的,在 $t+1$ 期可以得到一个单位纸币的债券量;

$1/P_b(t)$——t 期发行的债券单位加上利息率。

$M(0)$ 和 $B(0)$ 是 $t=1$ 期的初始状况。假设 $M(0)+B(0)$ 是 0 代成员的初始名义财富,0 代成员是 $t+1$ 期中的老人。政府规定了每份债券实际购买的最低价格 F。这种最小量限制将债券和纸币区分开来。

(三)选择问题和均衡条件

由于受到禁止借贷的"法律限制",t 代的每个成员 h,$t>0$,选择在对纸币$[m(t)]$和债券$[b(t)]$的非负数消费,使 $u[Ct(t),Ct(t+1)]$ 最大化。该选择的约束条件为

$$Ct(t)+p(t)m(t)+p(t)P_b(t)b(t)\leq W_1$$
$$Ct(t+1)\leq W_2+p(t+1)m(t)+p(t+1)b(t)$$
$$p(t)P_b(t)b(t)\geq F \quad 或 \quad b(t)=0$$

为方便起见,我们将用实物价格表示的纸币和债券量重新定义为:

$$q_1(t)=p(t)m(t)$$
$$q_2(t)=p(t)P_b(t)b(t)$$

在 $p(t)>0$ 和 $P_b(t)>0$ 的条件下,上述约束式可写成:

$$Ct(t)+q_1(t)+q_2(t)\leq W_1 \qquad (5.3.2)$$
$$Ct(t+1)\leq W_2+R_1(t)q_1(t)+R_2(t)q_2(t) \qquad (5.3.3)$$
$$q_2(t)\geq F \quad 或 \quad q_2(t)=0 \qquad (5.3.4)$$

式中:

$$R_1(t) \equiv p(t+1)/p(t);$$
$$R_2(t) \equiv p(t+1)/[p(t)P_b(t)];$$

$R_i(t)$ 是回报率。

图 5-1 描述了在 $R_2(t) > R_1(t)$ 和 $0 < F < W$ 条件下,等式(5.3.2)至等式(5.3.4)所给出的消费上限。

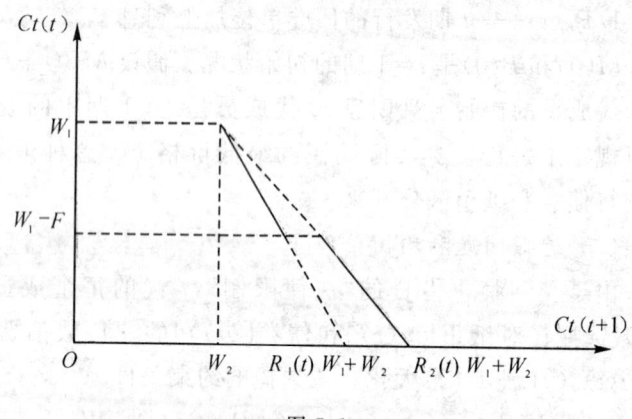

图 5-1

图 5-1 表示纸币和债券之间的边际替代率和边际收益率发生偏离,即两者呈非线性关系。显然持有纸币到第$(t+1)$期时的收益小于持有债券的收益。这意味着,如果没有法律限制,人们都会持有政府债券,于是政府债券收益率下降,直至纸币和政府债券的边际收益率相等。这时纸币与政府债券的边际替代率和收益率就回到线性关系。然而禁止私人借贷的"法律限制"阻止了个人获得少于 F 量的 $R_2(t)$ 收益(F 为大面额政府债券单位)。换言之,两个或两个以上的人不能分享一份债券,因为它意味着必须有一个人先买下这份债券,然后向其他人发行 IOU(本票)。这是被"法律限制"禁

止的私人借贷行为。因此人们只有同时持有一部分纸币和一部分债券。这就使纸币和政府债券的边际收益率和边际替代率之间的偏离关系得以成立。

二、"法律限制"与社会福利

如果纸币和政府债券分别被不同的个人持有,持有纸币的人会在图 5-2 中的 A 点达到效用最大化,而持有债券的人则在 B 点达到效用最大化(见图 5-2)。

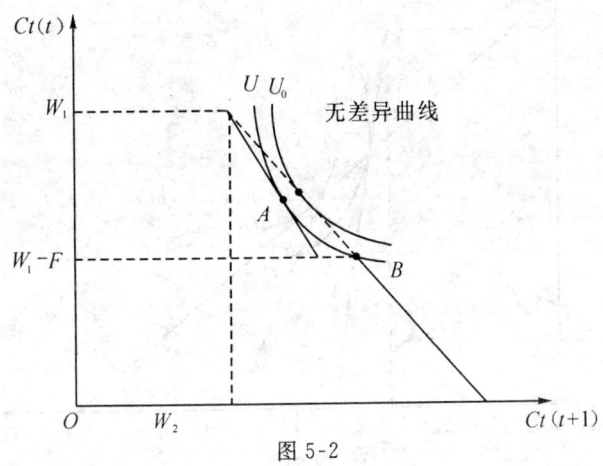

图 5-2

图 5-2 说明,在政府同时发行小面额纸币和大面额债券的条件下,消费者的无差异曲线受到两种负债边际替代率的约束。显然,无差异曲线 U 低于 U_0,消费者的福利效用被限制在一个较低的水平上。

三、"法律限制"与政府收益

如果两种物品的边际替代率和边际收益率完全相等,这两种物品为完全替代品,市场可能性曲线的斜率为45度。然而在货币经济系统中,政府通过"法律限制"改变了纸币和债券的边际替代率。因此,政府获得的超额收益来自降低储蓄者的效用(见图5-3)。

图5-3中G表示政府通过法律限制获取的额外收益。显然,法律限制下的效用曲线U低于没有法律限制下的效用曲线U_0。

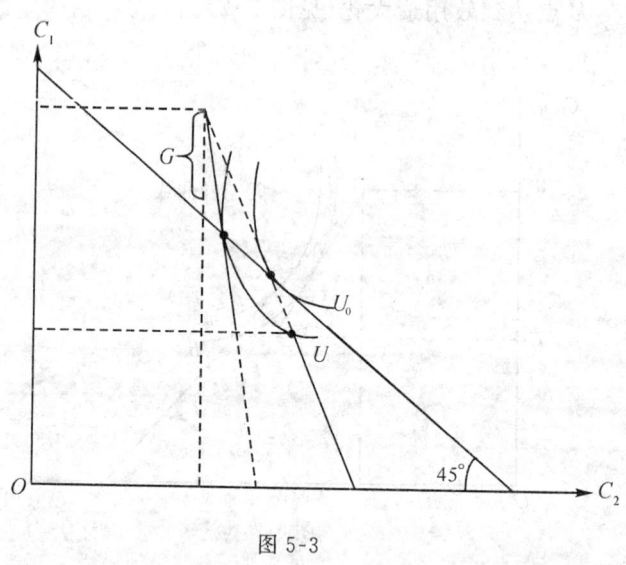

图 5-3

因此,"法律限制说"得出如下结论:(1)政府通过"法律限制"阻碍了私人借贷,同时分割了小面额纸币和大面额债券市场,造成两种替代品之间的套利机会消失,歧视定价条件成立。(2)歧视定价的成立,为不生息纸币和生息债券共存提供了充分条件。(3)市场分割、纸币与生息债券共存营造了货币政策有效性的必要环境。(4)政府因此获得的非线性通胀税收益是以降低社会总福利水平为代价的。

"法律限制"说指出是政府的"法律限制"保证了货币政策的有效性,但它是以降低资源配置效率为代价的。尽管物价稳定是最通常的货币政策目标,但没有证据显示用"法律限制"方式取得的物价稳定,提高了社会福利水平,也没有证据显示物价越稳定,社会平均福利水平越高。恰恰相反,正如新货币经济学者沙金特(Sargent)和华勒士(Wallace)所说,这种"法律限制"的结果往往是以伤害一部分人利益的方式而带给另一部分人更多的利益,而且在某种意义上降低了社会总福利水平。

"法律限制"说从上述三个方面解释了现有货币制度存在的原因、条件和代价,明确指出现有货币制度是一种靠"法律限制"支撑的制度。

第六章
"BFH"系统

"BFH"系统是一种以无现金支付系统(Cashless Competitive Payment System)为特征的自由竞争货币系统。因该系统主要由布莱克(Black)、法玛(Fama)、霍尔(Hall)三人共同创立,故被格林菲尔德(Greenfield)和伊格尔(Yeager)在1983年发表的《稳定货币的自由竞争理论》①一书中,首次以三位学者的名字命名了这种来自于"思想实验"的、不以"货币"为中心的金融系统。"BFH"系统以无现金电子支付系统为中心,以自由竞争银行业为特征,构成"货币"与实际经济系统的一种全新关系,即法玛所说的"高级以物易物经济"(A Sophisticated Barter Economy)。

第一节 无现金支付系统

无现金支付系统是一种以电子符号取代纸币,通过电子

---

① Greenfield, Robert L. & Yeager, Leland B. (1983), *A Laissez-Faire Approach to Monetary Stability*, Journal of Money, Credit and Banking, 15, pp 302-315.

转账方式适时完成各种支付要求的支付网络系统。它是"BFH"系统的核心。无现金支付系统有三大基本特征：

一、外在货币消失

美国斯坦福大学经济系著名教授，约翰·G·格利(John G. Gurley)和爱德华·S·肖(Edward S. Shaw)，在1960年共同发表的《金融理论中的货币》(Money in a Theory of Finance)一书中提出并详细阐述了"内在货币"与"外在货币"的区别。他们以货币的发行是否增加私人部门的净资产作为界定两种性质货币的标准，即能够增加私人部门净资产的货币发行被视为外在货币；不能增加私人部门净资产的货币发行被视为内在货币。他们指出派生存款不能算做一种真正意义上的资产，因为对整个私人部门而言，他并未使其资产净值总额发生变化，因此是内在货币。只有私人部门以外的政府发行货币，例如因购买带给私人部门收入或发行纸币形成对私人部门的负债，才增加了私人部门的资产，是外在货币。

借助这个概念，新货币经济学者法玛认为，纸币货币体系向无现金货币体系演进的第一步就是外在货币消失。他指出，在"BFH"系统中，银行的活期存款不再代表对现金的最终要求权，换言之，银行存款的最终偿付形式不是现金，而是"可转让的共同基金份额"。这种"基金份额"的价值可以用任何可交易的财富形式表示的，如债券、股票等。银行活期存款不再以现金作为最终偿付形式所带来的结果，是消除了对外在货币的需求。因此，由现金和法定存款准备金构成的基础货币将随之消失。

"BFH"系统重新定义计价单位，即计价单位是人为规定的固定不变的价值度量单位。这种价值度量单位是以"某些经济资源为内涵"的。用于价值度量单位的经济资源一般取自原材料或初级产品,因而与经济中的绝大多数产品都存在联系。但是这种价值度量单位没有任何有形载体(如纸币),也不可还原(兑付)成原来的物质。"BFH"系统是一个"纯交易账户系统,在这个系统中任何有形的'购买力暂栖所'都已经消失"。因此,在无现金支付系统中,由于纸币的交易媒介职能已经消失,经济系统中的外在货币也就不复存在了。

二、货币两大基本职能分离

新货币经济学者布莱克在1970年发表的《无货币世界里的银行业和利息率》[1]一文中明确提出,并且详细阐述了分离货币的交易媒介和价值尺度两大基本职能的观点。布莱克指出:"为何两者必须统一,两者分离又如何?"随后,霍尔、法玛也相继提出了同样的观点。分离货币两大基本职能,涉及如何定义价值单位以及如何认识交易媒介与价值单位关系两个重要问题。

(一)对价值单位的定义

"BFH"系统价值单位有两个重要特征:(1)恒定性。正如人类将长度单位定义为"米",价值单位也应该是一个不会任意波动的恒定单位。无论是采用一个抽象名词来定义价值单位,还是采用一种商品篮子来定义价值单位,恒定性是这种价值单位最重要的特征。因此,罗伯特·霍尔提出一种

---

[1] Black, Fischer (1970), *Banking and Interest Rates in a World Without Money: The Effects of Uncontrolled Banking*, Journal of Bank Research, Autumn, 1, pp 9-20.

"ANCAP"价值单位,即1个"ANCAP"等于50公斤硝酸铵(Ammonium Nitrate) + 40公斤铜(Copper) + 35公斤铝(Aluminum) + 80平方米某种等级的合成板(Plywood)。(2)抽象性。正如人们在使用"米"计量长度时不会要求将它还原成原来的实物一样,价值单位也是一个抽象名词。它没有任何商品"副本",即在被使用时不需要还原成最初用于定义的那些商品。因此,恒定性与抽象性是"BFH"系统价值单位的本质特征。

(二)交易媒介和价值单位的关系

首先,在经济中应该存在各种金融机构自由发行的多种交易媒介。布莱克列举了五种假设的交易媒介形式:(1)以物易物;(2)普通股股票;(3)政府债券;(4)银行"担保"公司债券;(5)纯银行负债。这些交易媒介用恒定价值单位定价,但价值单位本身并不充当交易媒介。这就是说一个价值单位并非永远等于一个单位的交易媒介。例如:如果以"1元"为一单位价值,那么某一种交易媒介的单位价值可以等于"1元",另一种交易媒介的单位价值可能是"2元",或"0.5元"……

在"BFH"系统中,价值单位是交易者用来计算商品价值的工具,它是无形的和抽象的概念,不能用做交易媒介流通。因此,在"BFH"系统中,用固定的交易媒介数量将商品价格先确定下来的机制不复存在。因为按照逻辑顺序,商品交换价格不可能在交易媒介本身的市场价格认定以前被确定。显然,货币两大职能的分离将形成一种完全不同的价格机制,它也将因交易媒介数量失去了对经济活动的直接影响,而彻底改变货币在经济中的地位。

三、自由竞争式支付系统

无现金支付系统是一种自由竞争货币系统。银行吸收的存款将不受"法律"限制地存入各种"投资"账户,然后按各种账户的投资回报率计算和支付本息和。吸收存款支付利息行为和任何投资决策都是商业银行的自主行为,不受"法律限制"。"投资"账户回报率的差异形成各家银行相互竞争、吸引顾客的市场激励机制。

无现金支付系统以电子转账支付方式为特征。"投资"账户以基金份额为认购单位,支付时以固定价值单位确定各种资产的实际价值,即以价值单位为换算工具。

无现金支付系统是一个纯簿记式支付系统。纸币的角色被账户科目代替,即银行将贷记收款方交易中收到的款项,同时借记付款方付出的款项。由于各种性质资金账户之间的障碍不复存在,因此当一个经济行为主体要转移一笔资产给另一个经济行为主体时,只需要向他的银行发出支付信号,相关资金的收付即可通过银行支付系统完成。

显然,无现金支付系统的自由竞争特征,还给金融机构原本应有的经营效率,更大程度上保证了支付流程的顺畅。固定价值单位换算方式,消除了金融资产价值的"泡沫幻觉",也阻断了单个银行投资风险与整个金融系统安全的联系。

第二节 共同基金公司式银行

在"BFH"系统中,布莱克和约翰逊(Johnson)强调"银行存款应该和其他投资资产一样按资金投资的风险度预期回报,惟一的区别只是银行存款是风险更低一些的组合资产"。托宾更加直接地指出:"在自由竞争的环境中,银行家和其他投资账户管理者之间很难有明显的区别。尽管银行比其他金融机构更注重支付服务,但竞争会促使银行向它们的存款客户提供不同类型的投资账户,而其他金融机构则更注重投资账户管理,但竞争也会促使它们向客户提供与银行联系的支付服务。这样一来,它们都被称做银行,因为它们都提供不同回报的投资账户,都提供资金转移的支付服务。"

一、共同基金银行模式

以自由竞争为前提的共同基金银行是"BFH"系统的标志。它有如下四个特征:

(一)银行存款如同共同基金,是对各种风险投资基金"份额"的认购

银行债务的价值随着对应资产价值的波动不断波动。这种"非面值"(Non-par)存款机制,意味着存款人购买"份额"时按照固定价值单位折算的资产不与他赎回资产时的价值一一对应。存款人资产的价值取决于他所认购账户的投资收益状况。因此,银行成为真正意义上的金融中介,免去了发生资不抵债的风险。

(二)共同基金银行的资产索取权与储蓄合作社、信用协会、合伙存贷组织等传统存款机构不同

尽管两者在存款人存入款项时就成为"股东",取回存款时"股东"身份消失这点上一样,但不同的是,共同基金银行的存款人是银行经营和基金资产回报的收益人,因此可获取对应资产的全部实际收益,而信合机构的存款人获取的是事先规定的利息额,不是实际资产收益。现实中的货币市场基金是共同基金银行的雏形。存款人投资一种基金账户,就成为这种基金的实际回报受益人。每一个共同基金由一个独立机构管理,它们互为竞争者,并一起构成了货币系统中的"金融超市"(Financial Supermarket)。

(三) 发达的资本市场使存款者可以从众多投资机会中选择自己的资产组合

例如：一个极端风险规避者可投资安全性最高的短期政府债券或政府担保债券基金，因为这种资产价值的波动小，利率和破产风险几乎为零。事实上许多其他风险等级的资产，也可利用不同持有期的利率期货组合，抵消绝大部分资本价值波动风险，变成高安全度的资产。例如股票指数期货使股票基金套期保值成为可能，或将几种针对不同风险的衍生产品组合套用，也能达到在固定风险下限的同时不限制回报上限的效果。共同基金银行提供各种各样的全保值或部分保值投资品种。存款人只需选择他所期望投资的品种。

(四) 有效转嫁风险

保值技术不能降低整个经济系统的总风险，但能够有效地将风险从存款机构和支付系统转嫁出去。事实上，货币市场共同基金业务量的迅速发展，已经充分证明了共同基金银行的光明前景。

二、共同基金银行的稳定机制

"BFH"货币系统是兼具支付结算服务和基金管理双重功能的货币系统。在这个系统中成本/收益机制起着举足轻重的作用。"BFH"系统的运行流程示意图如图 6-1 所示：

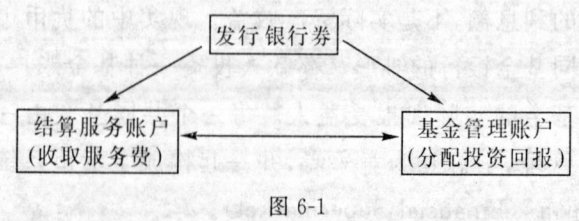

图 6-1

图 6-1 表明,通过发行银行券,共同基金银行获得负债,分别储存在结算系统和基金管理系统两个系统中。以单位价值形式储存在支付账户中的负债如同交易媒介,以基金份额储存在基金账户中的负债如同投资资产,赚取基金投资回报。

这个系统意味着:(1)自由发行的银行券实际价值随基金市场收益波动。每个银行基金管理水平直接影响其基金份额(所发行的银行券)的市场价值。市场竞争构成对银行自身行为(包括银行券的最优发行量)的一种约束机制。(2)基金价值(银行券价值)随市场波动,因此银行券的数量对实际经济系统不产生影响。(3)资本市场对资金的需求反映实际经济部门资本需求的真实水平。在经济由于外生变量的作用,如技术进步、人口增加,对资本需求增加时,基金份额价值会因高回报而增值。同理,经济萧条时,实际经济对资本需求减少,基金份额价值萎缩。因此"名义"资本量随实际经济财富量同步增减。名义资本份额数量(银行券数量)控制没有意义。(4)共同基金银行的负债与相应资产所有权完全对应。资产价值的变化会立刻反映为存款份额价值的变化。这种机制会激励存款人至少在一种银行券贬值到发行价(Par)以下之前及时兑回存款。因此,共同基金银行在其存款发行价以下清算的可能性不大。(5)由于这个系统中存在多种银行自由发行的银行券,即使一家银行倒闭,也不会波及整个系统。

来自实际经济的数据显示,作为共同基金式银行雏形的货币市场基金,尽管其市场行为没有政府保险,但直到目前为止,它们的安全程度还没有能与之匹敌的。美国货币市场共同基金截至 1989 年已达到 3 000 亿美元[①],得到存款人的

---

① Federal Reserve Bulletin, January 1989, p 45.

普遍认同。1983年,货币市场共同基金持有人曾在没有事先预告的情况下转移了总金额的 1/4 资金,然而基金没有发生任何流动性困难。试想,假如从银行存款里取走同样数额的现金,情况就绝不可能如此平静了,即使兑现比这个比例小得多的存款,也足以引发 20 世纪 30 年代那样的银行危机。

商业借贷及商业票据市场(Commercial Paper Market)也是共同基金银行雏形之一。目前一些发达国家的大企业财务公司,如:福特汽车,直接向客户提供消费贷款。通用电气(GE)的财务公司已成为美国 10 大商业贷款发行者之一。1960~1985 年美国商业票据的市场价值增长了 40 倍,同期银行贷款仅增加了 11 倍。商业票据占短期借款的 52%,而银行贷款只占 26%。事实证明共同基金的稳定机制已经得到普遍认可。

第三节 无"法律限制"货币系统

传统货币体系是一个以中央银行为主宰的"法律限制"体系。传统货币理论认为,货币数量、一般物价水平、实际经济活动之间的均衡必须依靠中央银行对银行系统货币信用扩张能力的控制才能实现。自由金融将导致一般物价水平不断攀升,或将使一般物价水平成为一个不可决定(Indeterminate)的变量,从而导致经济系统混乱。然而,新货币经济学却一反传统地提出了一种自由竞争货币系统。新货币经济学针锋相对地指出:货币在经济系统中的特殊地位是政府"法律限制"造成的,因此,取消"法律限制",货币在经济中的特殊地位也将随之消失。自由竞争的货币体系才是真正具有内在稳定机制的货币体系。

一、自由竞争货币系统描述

银行有两项基本功能：一是提供支付结算服务，即通过账户间资金的划转完成财富交易的支付；二是提供理财服务。在银行的这两项功能中，作为中间业务的支付结算服务不构成对经济系统的干扰。显然，银行系统的理财功能，即传统货币理论所指的银行信用扩张功能，是实际经济活动的一个重要影响因素。

新货币经济学认为，自由竞争条件下的银行理财策略是一种纯金融资产组合管理决策，具有"不相关"特性。

米勒和莫迪利亚尼在1961年发表的关于股息政策的经典性论文中提出"厂商的股息政策对股东来说是无关紧要的事"。[1] 也就是说，厂商的价值与管理部门采取的股息政策"不相关"。"不相关"定理的基本思想是：厂商有两种方法分配股息。一种是现金分配，另一种是配送股份。现金分配一般指支付现金股息。配送股份则意味着股东用所得的股息再次购进该公司的股票。公司得以用这些留存的股息再投资，使公司股票有再增值的机会。

人们曾经普遍认为，投资者更愿意接受较高的股息现金支付额，而不愿意接受配送的股份。然而，米勒和莫迪利亚尼指出，在市场有效性的前提下，厂商的价值与股息分配政策不相关。因为，如果厂商保留所赚到的收入并投资于新项

---

[1] Miller, M. H. and Modigliani, F. (1961), *Dividend Policy, Growth, and the Valuation of Shares*, Journal of Business 34, October, pp 235-264.

目所改变的财务状况,股东也可以通过卖掉与股息收入相等的那部分配送股,取得现金收入,创造自己的股息而达到相同的状况。同理,如果厂商选择支付股息,那么厂商为了投资新项目就会发行新股票。这时股东若用分配到的股息去购买新股票,他的处境就和股息没有被支付的情况相同。因此,股东对厂商的股息政策漠不关心,因为厂商的价值与股息政策无关。

莫迪利亚尼-米勒的"不相关"定理对现代金融理论的发展产生了重要影响。新货币经济学者法玛借鉴"不相关"理论提出,在自由竞争环境中,银行体系的任何金融策略及行为都不会改变经济体系原来的均衡状态。

法玛分析到,假如银行从筹资人那里购买某种证券和向投资人出售这些证券时,没有比其他个人、公司、金融中介机构更多的特权,即所有的经济行为主体有着相同的资本市场准入权,那么"不相关"定理就意味着银行系统向存款人提供的任何资产组合账户都可以被存款人或其他的金融中介机构重新融资(Refinanced)行为所抵消。这就是说,在同等准入权的市场上,银行系统的资产组合决策及行为不引起经济系统价值变动。因此,莫迪利亚尼-米勒"不相关"定理在自由经营银行体系成立。

托宾(1963)进一步指出,单个银行的金融策略和行为结果也受制于莫迪利亚尼-米勒"不相关"定理。如果银行要生存,就意味着它会以尽可能提供满足存款人需求的各种资产组合产品来吸引顾客。假设所有单个银行的市场准入权是相同的,每家银行有着相同的市场机会,那么,各家银行的组合资产就是完全替代品。如果有一家银行调整自己的组合资产策略,使之能够提供更高的回报,从而打破原来市场对各种组合资产的供给需求均衡状态的话,那么其他银行必然也会采取相应调整措施,其结果是抵消初始的变化,使市场又回到原来的均衡状态。因此,单个银行的资产组合管理决策对于存款人来说也是不相关的,因为单个银行不能独自改变存款人选择组合资产的市场机会。

新货币经济学的观点说明了一个重要问题,那就是由于银行行为是对组合资产需求偏好和供给机会的反应,因此,自由竞争机制下的银行业在一般均衡系统中的作用是被动的,而不是主动的。正如法玛所说,尽管无交易成本是市场有效性的一个重要假设,但即使引入交易成本,也不能推翻自由竞争条件下的银行体系不对物价水平和实际经济活动起决定作用的结论。因为这时的银行体系不过是一般均衡中的一个因变量。"BFH"系统就是这样一个自由竞争货币系统,因此,它是一个因取消"法律限制"而不在扰动实际经济活动的稳定、安全的货币系统。

二、来自传统货币理论的抨击

传统货币理论学者约翰逊(Johnson)认为自由银行业必然会引起物价水平螺旋上升。他指出,从严格的逻辑上讲,不能将银行业视同于其他工业。由于银行业的特殊性,它的产品(货币)与其他私人公司的产品(物品)或一般服务有着很大区别,因此,自由银行制度会形成激励银行不断扩张名义货币供给量的机制,其结果必然导致通货膨胀。因此,物价稳定和对未来物价稳定的预期,要求政府对银行系统货币供给总量加以控制。

帕廷金(Patinkin)、格里(Gurley)、肖(Shaw)则将控制货币数量与控制银行存款准备金和存款联系在一起。他们的观点是,要决定物价水平就意味着要控制银行业。因为在传统货币制度下,现金是惟一的计价单位,并由此而成为价格水平的一个决定因素。帕廷金认为由于货币系统不具备自动资源配置功能,因此"要使货币系统可控,必要条件是有政府强制性规定:(1)某一名义货币量;(2)某一回报率。"[①]

约翰逊也提出同样的观点。他指出物价水平的决定,要求政府控制包括商业银行提供的生息存款在内的货币总量。假如银行信用扩张没有成本,而且与之对应的资产可以产生正的回报,银行就会毫无节制地创造名义货币。在竞争压力下它们的货币创造行为一直会延续到货币的购买力降到零为止。他的结论是为了控制物价水平,货币当局需要同时控制名义货币量和利率。

显然,传统货币理论的逻辑是自由竞争银行业将导致银行货币扩张行为的失控,从而失去对名义货币供给量的控制,进而引起物价水平不可控制。因此,政府必须从控制名义货币供给量和利率的角度,对银行业实行"法律限制"。

三、新货币经济学的回答

面对传统货币理论的质疑,新货币经济学者作出了如下回答:

(一)货币数量与货币价值

新货币经济学者指出:传统货币经济理论之所以认为自由竞争银行业会引起物价水平决定机制问题,是因为他们把

[①] Patinkin Don (1961), Financial Intermediaries and the Logical Structure of Money Theory, American Economic Review 51, March, pp 95-116.

取消"法律限制"后的存款仍然看成传统意义上的货币,然后强迫这种货币充当价值单位。事实上,在自由竞争货币系统里,存款只是银行提供的各种组合资产形式的财富契约。它的实际价值随着经济系统实际财富量的变动而变动。因此强制名义存款数量与价值单位保持固定比率没有意义。

(二)计价工具与价值载体

传统货币经济学的出发点是"要使货币系统可控,必要条件是有政府强制规定:(1)某一名义货币量;(2)某一回报率"。新货币经济学者回答到,问题的关键不在于如何能使外部因素强行控制住货币数量。因为,如果货币被定义为价值计算工具,而不再是价值载体,那么物价决定问题就是一个与传统货币体系完全不同的问题。

(三)强制政策与市场行为

新货币经济学者指出:在竞争压力下,如果银行受到政府给定的利率上限的限制,它就会以收取更低服务费的方式,补偿存款资产的利息,以免客户流失。银行返还的这种存款利息上限,等于被"法律限制"强行扣押的那部分资产的实际回报。因此,在竞争压力下,银行不可能因存款利率限制而获得超额利润。限制存款利率的货币政策必然被银行市场行为所抵消。

(四)"存款份额"与"价值单位"

新货币经济学者指出:在自由竞争条件下,银行"存款份额"数量与"价值单位"是分离的。存款份额所含实际价值是随市场变化而自动调整的。价值单位是抽象、固定的。显然,在这种金融资产价值的自动均衡机制下,银行存款份额数量对经济体系均衡无关紧要。因此,传统货币理论的货币数量控制主张无意义。

应该承认，随着支付技术的发展，新货币经济学从"思想实验"中得出的自由竞争货币系统离现实越来越近。它预示了货币在经济体系中的特殊地位，以及由此产生的绝对物价水平决定难题，都将随着传统货币体系的瓦解而消亡。

中编小结

在经济理论中,一般是先有实践后有理论,即由于出现了问题,才产生一种理论对之进行解释。然而,新货币经济学的产生却带有浓厚的"思想实验"色彩。也正是因为这一点,新货币经济学备受责难。但不可否认的是新货币经济学的理论是建立在严谨的逻辑推导基础上的。它以全新的思路,得出让人耳目一新的结论。新货币经济学提出的许多观点和预期,不久前还似乎被人不屑一顾,今天却越来越被现实所证实。

本编通过第四章、第五章以及第六章,对新货币经济学的理论渊源、主要理论进行了较系统的评介。

从对新货币经济学的评介中,我们看到,新货币经济学既是对传统货币理论及货币体系的反思,又是对正在到来的后货币经济的科学预期。新货币经济学一反传统思维惯性,通过"思想实验"得出的结论,越来越走近人们的现实生活。旧的货币形态正在变迁,旧的货币理论正在瓦解,旧的货币机制正在消失,旧的货币政策正在被废弃。面对从旧货币体系走向新货币体系过程中的一系列新问题,新货币经济学无疑给人们提供了一种极具价值的理论借鉴。

下　编
后货币经济中的货币系统考证

第 七 章

后货币经济中的货币特征

以物易物经济是人类社会从事生产和交换活动的起点。在这个最原始的经济形态中,真正意义上的货币尚未出现。我们按信用发达程度将以物易物经济之后的商品生产史划分为:商品货币经济、纸币货币经济和后货币经济三种经济形态。

第一,商品货币经济阶段约从原始社会末"一般等价物"出现至1914年第一次世界大战前夕。它是以一种或几种商品充当一般等价物,实现商品和劳务交换的经济形态。如:古希腊人眼中的银子、古罗马人衷情的铜、加利福尼亚卡咯克人(Karoks)手里的贝壳、中非人和挪威人不约而同相中的布匹,都曾经是最原始的商品货币。1871年,德国首先确立金本位,随即瑞士和比利时于1878年也先后确立了金本位,从此人类进入了一个以金作为货币的金本位鼎盛时期(1870~1914)。典型的商品货币经济主要货币形态是贵金属,所以商品货币经济的历程可归纳如下(见图7-1):

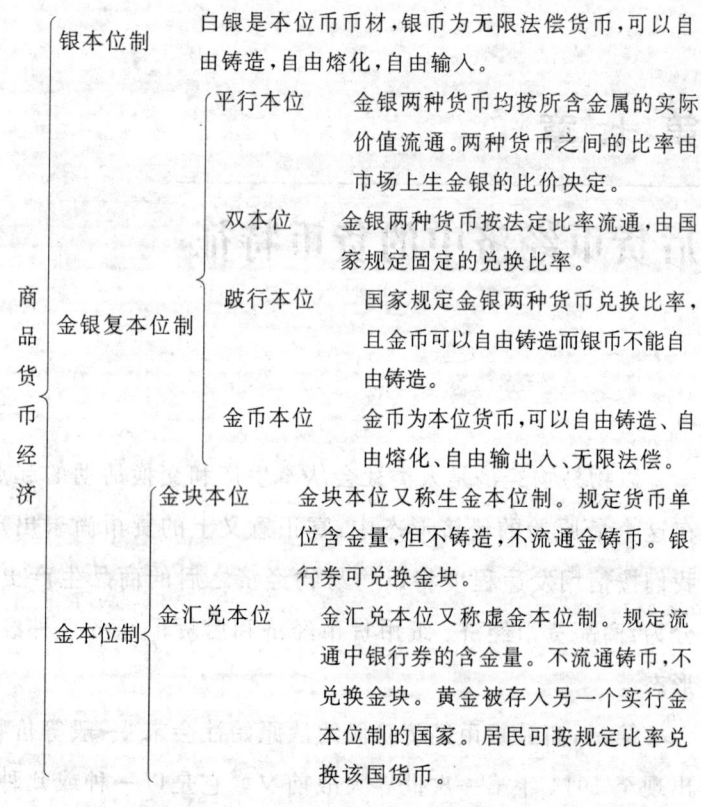

图 7-1

第二,纸币货币经济约从第一次世界大战后的20世纪20年代至90年代。它是一种以各国中央银行发行的纸币作为法定货币为特征的经济形态。其间历经了下列几个时期:(1) 20 世纪 20 年代至 70 年代初,金汇兑本位制后期;(2)1971年美联储宣布美元与黄金脱钩至 20 世纪 80 年代,完全信用本位的纸币货币时期。

第三,后货币经济始于20世纪末的经济发达国家。20

世纪 80 年代末,特别是 90 年代,电子资金转账系统(Electronic Funds Transfer System,EFTS)得到广泛运用。计算机网络技术的普及再次改变了货币形态。这种以"无纸化"货币为特征的全新经济形态被定义为后货币经济。后货币经济主要有三个特征:(1)电子支付方式在极大程度上取代了纸币支付方式,货币形态无纸化。(2)金融市场,包括资本市场和货币市场,高度发达,银行逐步丧失了信用创造垄断权。(3)中央银行被迫放弃对金融机构的强制性规制,货币系统更加市场化,各类金融机构向一般企业回归,即以自身效用最大化为首要经营目标。这三个基本特征决定了后货币经济中的货币与商品货币经济和纸币货币经济中货币存在本质差异。

第一节 支付技术与货币内涵

人类经济经历过三次货币形态的更迭:第一次是从多种"等价物"向金属货币的变革;第二次是从金属货币向纸币信用货币的发展;第三次是从纸币信用货币向支票账户和信用卡的演变。以电子资金转账系统(Electronic Funds Transfer System,EFTS)为支持的无纸化货币将成为货币发展史上第四次货币形态的重大变革。

电子资金转账系统,以数据处理、信息反馈和通信技术为基础,将金融系统内的存款账户余额、交易发生额等信息实时传送到相关部门,完成货币的交易媒介职能。货币无纸化进程正在从三个方面改变着传统货币的内涵。

一、货币层次概念模糊

在传统的货币理论框架下,货币按照流动性从强到弱划分为四个不同层次,即 M_1、M_2、M_3、M_4。货币层次的准确划分意味着中央银行可以通过基础货币的操作,控制住银行系统货币扩张乘数,有效达到预定货币供给目标。

然而,支付技术的进步和各种金融创新首先使现金形式的货币数量发生实质性变化,进而使活期存款形式货币、定期存款形式货币、储蓄存款形式货币可以在不同账户间迅速转移,加上金融业不断且广泛地融合,传统货币体系中的现金、各类存款和其他金融资产趋向一体。由于货币层次难以准确辨认,因此,按照传统货币理论划分货币层次几乎失去了可操作性。

二、货币数量概念无意义

传统货币理论认为从微观层面上看,货币与财富涵盖的范围不同。首先,货币最多只是财富的一种形式,即只有那种能履行支付功能的财富才是货币。不动产、股票、债券等其他形式的财富都不是货币。其次,尽管货币和其他金融资产,如股票、债券都是某种形式的财富,但由于两者在收益率和流动性上的差异而将两者区分开来。传统货币理论体系中货币的内涵被限定为"一种流动性存量",即具有支付功能的财富才使货币。从宏观层面上看,传统货币理论将货币视为实物财富的虚拟符号。货币的虚拟性使名义货币存量往往背离社会总财富价值。因此,作为价值虚拟符号货币的数量至关重要。如果名义财富量和实际财富量的关系相对稳定,货币就是一个好的实际财富的交易媒介。如果两者数量背离,货币对实际经济活动产生扰动,它就不再仅仅是财富的虚拟符号。因此,传统货币政策的中心任务,就是保证货币数量与实际经济活动发展相适应。

然而,在后货币经济中,金融业对传统金融管制的规避,使其正迅速朝着自由竞争金融业迈进。正如新货币经济学所指出的那样,在没有"法律限制"的经济体系中,各类金融资产的"一价定律"必然成立。这意味着用于支付的"货币"和其他类型财富的融合,意味着虚拟符号向实际财富的回归。因此,资产性成为货币最重要的属性。货币是一种资产,在没有履行支付职能之前和履行完支付职能之后,都存在于某种"投资基金"账户上。当其需要用于支付时,便按当时所在"基金"份额的市场价值折算成货币(价值单位)完成支付任务,随后又进入到"基金"账户中,以"基金份额"形式存在。

在无纸化货币经济中,一方面,货币作为固定价值单位的属性被加强,因此保证了在任何时点上按固定不变的价值单位计算每笔交易发生额的价值,然后将"基金份额"换算成相应价值的"交易媒介"完成支付需求。另一方面,货币作为资产属性被加强,使这种虚拟价值符号所代表的总价值随经济系统中的实际财富价值量的伸缩自动增减,即"基金份额"收益率越高,按照"货币"换算成的财富量就越多,反之亦然。由于"基金份额"收益率最终取决于实际经济活动,因此,经济中用固定价值单位表示的虚拟符号(货币)总价值与实际财富总价值是一种"联动"关系。显然,在这种"联动"机制下,货币数量概念失去意义。

三、货币两大基本职能自然分离

如前所述,传统货币体系中的"一般等价物"集价值尺度和交易媒介于一身。它构成了传统货币的基本特征。然而,以电子资金转账为特征的无纸化货币系统的发展,却在事实上引导着货币两大基本职能的自然分离。

金融业自由竞争和发达的金融市场,使收益/成本约束成为影响各种金融资产需求的重要因素。电子资金转账系统从技术上保证了各种金融资产之间的快速转换。各种金融资产顺利转移的一个必要条件,就是要有一个通用的恒定价值单位来换算各种金融资产。货币将成为这个统一的恒定价值单位名称。传统货币的另一项职能——交易媒介则将随着货币"无纸化"而被电子符号取代。在社会公众交易层面,这种电子符号"交易媒介"实质上是以货币为价值单位计算得到的相应价值的多种形式的金融资产。换言之,"电子符号"交易媒介是各种金融资产所有权的代表,通过它在账户间的转移便完成了相应价值资产所有权的转移。显然,"电子符号"交易媒介完成的是相应价值资产所有权的交割。法玛称之为"高级以物易物经济"(Sophisticated Barter Economy)。不难预见,传统货币两大基本职能的彻底分离是"无纸化"货币经济发展完善的必然结果。

现代支付技术引起传统货币形态的改变。货币形态的改变引起了传统货币特征性内涵的变迁。传统货币内涵的"虚拟财富价值背离性"、"物化性"、"双重功能性"等重要特征都在迅速消失。现代支付技术赋予了"无纸化"货币一个简单明了的崭新内涵:货币——财富的价值单位。这个定义意味着"无纸化"货币是一个没有任何物化形式的抽象概念——恒定的价值尺度。它预示了传统货币因矛盾内涵带给经济系统的麻烦也将随着它的物化形态的消失一同成为历史。

第二节 资本市场与货币价值

后货币经济的特征之一是存在一个高度发达的资本市

场。资本市场高度发达的最重要特征有三点:(1)无准入限制;(2)自由竞争;(3)有足够多的交易品种。由此,高度发达的资本市场是"共同基金"银行的前提条件。

在有一个高度发达资本市场的经济环境中,货币等同于一般金融资产,如股票、债券等。金融资产的价值由市场决定。金融资产市场价值的决定包括两部分:(1)资本回报率(Rate of Return),以利息或股息形式反映;(2)资本升水或贴水(Capital Gain or Loss)。因此,这是一个名义量向实际量不断回归的机制。

由于"无纸化"货币的形式是银行(各类)账户上的电子符号,这就意味着经济中的货币"量"等同于银行系统的负债规模(尽管经济中仍存在用于零星交易的现金,但数量微不足道)。又因为"共同基金"银行负债的总价值随其资产价值作同方向等量变动,所以在"共同基金"银行模式下,银行资产的价值和资本市场有着密切的联系。这就是说,在高度发达的资本市场上,虚拟符号的总价值总是趋同于实际财富总价值的。因此,我们的结论是高度发达的资本市场会使自由银行系统中货币代表的总价值趋同于实际社会财富总价值,即名义量等于实际量。货币经济回到"以物易物经济",即法玛所指的"高级的以物易物经济"。

第三节 金融创新与货币制度

金融创新与自由银行互为因果。一方面,金融创新的大量出现为银行逃避传统金融规制提供了可能性,从而促使各种传统规制的瓦解,实现银行业自由竞争;另一方面,自由竞争银行在竞争激励下对新的金融产品的需求,又成为金融创新的动力。

传统货币系统中的货币当局之所以能够实现货币供给量控制目标,是因为存在一个对银行系统的有效约束规制。华勒士(Neil Wallace)在1981年发表的《公开市场操作中的MM定理》[①]一文中对货币当局公开市场操作效应进行了详细验证。他指出,不同的货币政策决定了政府资产组合结构。然而,在不变的税收政策条件下,政府资产组合结构的任何变化都不能改变原来均衡状态的消费配置和物价水平。莫迪利亚尼-米勒关于公司财务结构变化与公司价值不相关的定理对政府资产结构同样适用,在有效市场上,MM定理具有普遍意义。MM定理揭示的一个重要道理是政府资产结构变化对经济系统影响的效果,在很大程度上取决于非市场因素的强度。也就是说,在对金融机构没有强制性规制的条件下,货币当局公开市场操作无效。因为这时的公开市场操作不能改变市场原来的均衡状态。显然如果传统货币政策赖以生存的非市场因素基础瓦解了,即货币当局的规制失去了强制性效果,传统货币政策也将随之失去效力。

"法律限制"说的一个重要结论是:不同的法律制度,将造就完全不同的货币制度和安排。金融创新正在彻底摧毁一切传统的强制性规制,它必然带来一个以自由竞争为特征的全新货币制度。

---

① Wallace, Neil (1981), *A Modigliani-Miller Theorem for Open-Market Operations*, The American Economic Review, June, pp 267-274.

第 八 章

后货币经济中的支付系统地位

"无纸化"货币是以电子转账支付系统为支持的,因此电子转账支付系统是"无纸化"货币系统的核心。它规定了"无纸化"货币系统的基本特征。从微观层面上看,"无纸化"货币系统中的金融机构回归一般企业(不再是特殊企业)。因此,成本/收益成为规定金融机构市场行为的实质性因素。从宏观层面上看,银行系统成本/收益率的改变,必然改变银行的资产结构。因此,支付系统在后货币经济中有着举足轻重的作用。

第一节 资产选择理论的意义

美国耶鲁大学教授詹姆斯·托宾(James Tobin)1958年在《作为对付风险之行为的流动性偏好》一文中创立了著名的资产选择理论,也称风险-收益分析法(The Risk-Return-Approach)。资产选择理论的基本含义是:假设人们保存资产的主要形式只有两种——货币和债券。持有债券可以得到利息收益,但同时也要承担由于债券价格下跌带来的损失风险,因此债券是风险性资产;持有货币没有收益,但同时也不必承担风险。因此货币是安全性资产。理论上,如果某人将其资产全部投入债券这种风险性资产,他的预期收益将达到最大,同时他面临的风险也最大。如果某人的所有资产都以货币形式持有,他的预期收益和所要承担的风险都等于零。如果他将资产分为货币和债券各一半,他的预期收益和风险就处于中点。因此风险和收益是同方向、同步变化的。绝大多数投资者不仅想获得较高的收益率,而且也只想冒较小的风险。

一、两种约束

上述假设构成了两种约束:

(一) 主观约束

主观约束的情况如图 8-1 所示。

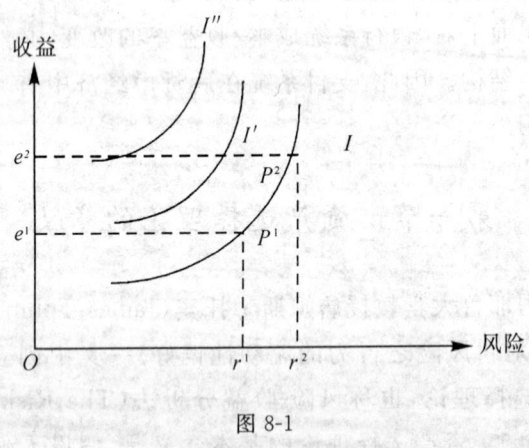

图 8-1

图 8-1 中,横轴表示风险;纵轴表示收益。无差异曲线 I

的斜率取决于投资者对待风险的态度,即对风险和收益的效用评价。无差异曲线轨迹上的点,代表对投资者提供等量效用的各种风险和收益的组合。由于同一条无差异曲线上的任何一点都代表相等效用,如果投资者想把收益从 e^1 提高到 e^2,他所承担的风险就会相应地从 r^1 增加到 r^2。这两种组合:$P^1(e^1,r^1)$ 和 $P^2(e^2,r^2)$ 在投资者的主观感觉中没有差别。无差异曲线的位置越高,代表的效用越大。据此可画出一系列无差异曲线,如 I'、I'' 等。投资者的目标是偏向更高的无差异曲线,因为这时在相同的风险下,收益更高,因此效用更大。

(二)客观约束

客观约束的情况如图 8-2 所示。

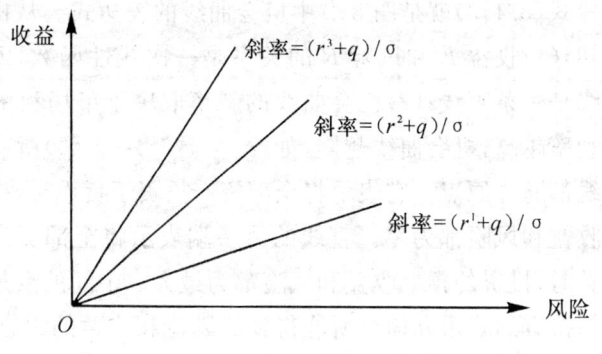

图 8-2

图 8-2 表示投资者能够得到的风险和收益组合的客观可能性,即机会曲线。资产选择理论认为:

$$E = H \cdot e = H(r+q) \tag{8.1.1}$$

$$R = H \cdot \sigma \tag{8.1.2}$$

式中：

E——预期收益；

H——持有债券的数量；

R——风险总额；

σ——每一元的风险量；

r——利息率；

q——预期的资本利得或损失；

e——$r+q$。

等式(8.1.1)表示，预期收益等于预期收益率乘债券持有量。等式(8.1.2)表示，风险总额是债券持有量与每一元债券的风险量乘积。如果用等式(8.1.1)除以等式(8.1.2)就可得到风险与收益之间的关系式：

$$E=[(r+q)/\sigma]R \qquad (8.1.3)$$

等式(8.1.3)就是图 8-2 中机会曲线的表达式。从机会曲线可知，(1)收益 E 和风险 R 的关系是一次线性函数，因此机会曲线是一条直线；(2)机会曲线的斜率取决于市场利率 r，即市场利率越高，机会曲线越陡，如，$r^3 > r^2 > r^1$。(3)所有的机会曲线都通过原点。它表示将全部资产投资于货币时，投资的预期收益和风险都为零。直线的另一端表示将全部资产投资于债券时，投资的预期收益和风险都为最大。中间的点是以各种比例持有的货币和债券所能得到的风险和收益的组合。

二、投资者效用最大化资产选择的范围

这两种约束给定了投资者效用最大化资产选择的范围。在任何一种给定的利率(r)、预期资本利得或损失(q)、单位风险(σ)的条件下，投资者限于沿着某一条机会曲线作资产选择，他的目标是达到这条机会曲线与最高一条无差异曲线

相切的点上,即可能达到的最大效用(见图 8-3):

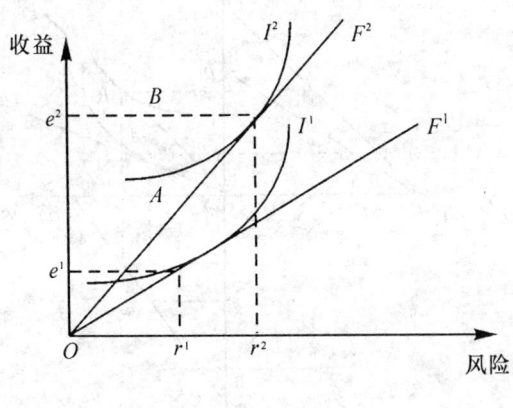

图 8-3

图 8-3 中无差异曲线 I^1 与机会曲线 OF^1 的切点 A 是原最佳资产组合点。Or^1 和 Oe^1 分别代表效用最大化时的资产风险和收益。如果利率上升,投资者就可沿着更陡峭的机会曲线 OF^2 作资产选择。较高的无差异曲线 I^2 与机会曲线 OF^2 的切点 B 就是新的最佳资产组合点。

在综合上述条件的基础上,托宾得到完整的资产选择模型(见图 8-4):

在图 8-4 中,第二象限的横轴代表资产组合中货币的比例,以 $M/(M+B)$ 表示。当全部资产是货币 M、债券 B 为零时,$M/(M+B)=1$。轨迹 $LN(LN^1, LN^2, \cdots)$ 代表资产组合的收益与货币所占资产比例的关系,即当债券比例上升时,资产组合的收益增加。第四象限的纵轴也代表资产组合中货币的比例。轨迹 KG 代表资产组合的风险与货币所占比例的关系,即当债券比例上升时,资产组合的风险增加。第

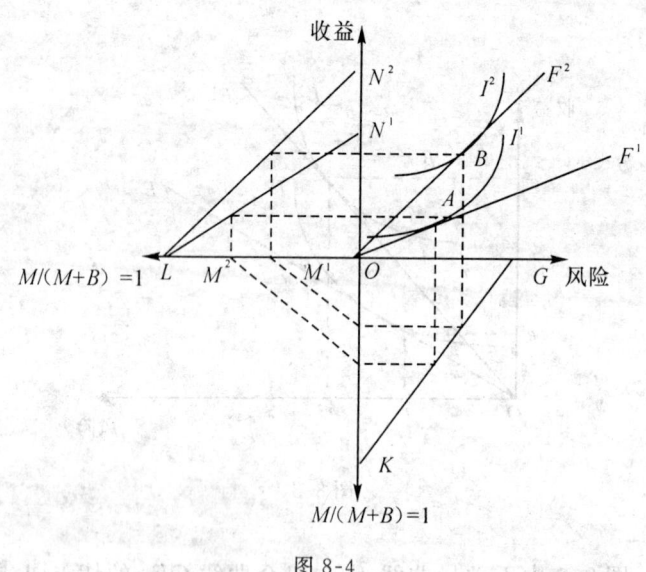

图 8-4

一象限是图 8-1、图 8-2、图 8-3 的综合。

图 8-4 表示明,起初,在无差异曲线 I^1 和机会曲线 OF^1 相切于 A 时,投资者就达到了总效用最大化的收益/风险组合。这时的货币、债券持有比例就是最佳资产组合。从图 8-4可见,在最佳资产组合点 A,持有货币所占比例为 OM^1,所持债券比例为 $OL-OM^1$(或 $OK-OM^1$)。如果利率上升,机会曲线就从 OF^1 变为 OF^2,相应的轨迹从 LN^1 变为 LN^2(与收益可能性曲线保持平行)。利率的上升使资产组合的收益提高,但并不因此增加资产组合风险,因此 KG 轨迹不变。这时,新的机会曲线 F^2 与更高的无差异曲线 I^2 的切点 B 就是新的最佳资产组合。从图 8-4 可见,在 B 点上,债券在资产组合中的比例增加,货币比例减少。新的组合资产收益和

第八章 后货币经济中的支付系统地位

风险都有所增加。

托宾的上述资产选择理论因弥补了凯恩斯理论的某些重要缺陷，而被视为经济学上的一个重大进展。托宾的资产选择理论提出了两个重要思想：一是解释了凯恩斯没能解释的人们同时持有货币和债券的行为规律；二是修改了凯恩斯关于投资者对未来利率变动的预期是货币需求的利率弹性根源的观点，提出投资者规避风险的行为是货币需求利率弹性的根源，从而为货币需求的利率弹性理论提供了更加科学的基础。

这个用来解释纸币货币经济条件下资产选择行为的理论，为解释后货币经济中电子支付转账货币系统成本/收益机制提供了理论基础。托宾资本选择理论的核心思想是人们在追求效用最大化欲望的驱使下，会对自己的资产结构不断进行调整，其资产调整行为以收益最大化和风险最小化为约束。因此，利率变动是人们调整资产结构的原因。

这个行为规律正是电子支付转账系统成本/收益约束机制的本质规律。所不同的是：其一，托宾资产选择理论阐述的是社会公众资产选择行为，而后货币经济条件下，货币是以金融机构的"共同基金股份"形式存在的(纸币消失)。因此，公众原有的资产选择使命完全移交给了金融机构，公众只需选择具有较高管理水平的银行为其理财。由此，后货币经济中的资产选择是金融机构的资产选择行为。其二，托宾资产选择理论的风险/收益约束机制，在金融机构的资产选择行为中，体现为成本/收益约束机制，即相对"共同基金"资产收益，金融机构面临的风险是由中央银行控制的清算资金成本(贴现率)的不确定性。因此，中央银行对清算资金成本的操作，构成了后货币经济中的"支付系统效应"。

第二节 支付系统效应

"支付系统效应"指中央银行通过对金融机构清算账户成本/收益约束的影响,改变金融机构资产结构,达到政策目标的效应。我们拟从"共同基金"银行资金配置流程、清算资金成本约束机制、支付系统效应三个方面阐述支付系统效应的基本原理。

一、"共同基金"银行资金配置

"共同基金"银行的经营目标和一般企业经营目标相同,即实现自身市场价值最大化。"共同基金"银行除具有一切现代金融中介机构的功能外,还是高效率电子支付网络中的节点。公众交易中的支付需求,是通过向银行发出支付或收款指令,商业银行按其指令借记或贷记相应账户上同等价值的"基金份额"完成的。由于在中央银行控制的银行间清算系统中,银行间的清算与支付以"价值单位"为清算工具,因此银行在执行客户支付指令、贷记其"基金份额"时,实际上是一种代客"赎回"原有"基金份额"资产,兑现为"价值单位"的行为。由于社会公众之间的支付行为是通过银行系统完成的,因此,在银行系统能够提供随时兑现"价值单位"完成支付要求的条件下,公众对持有无收益的"价值单位"需求为零。由此,商业银行的资金配置流程可视为两大部分:共同基金账户资金和清算账户资金,其资金配置流程如图8-5所示。

银行资金配置流程图表明,银行负债的资金总额将分配在两个方面:(1)共同基金账户,以基金份额形式存在并有投资收

第八章 后货币经济中的支付系统地位

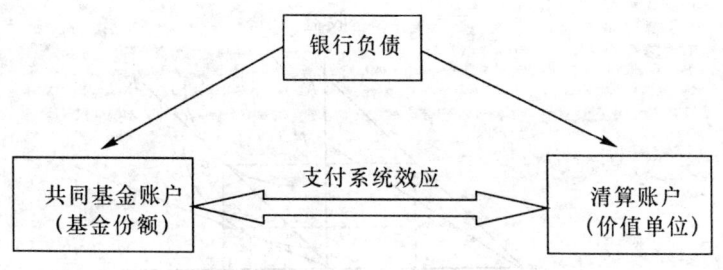

图 8-5 银行资金配置流程图

益;(2)用于支付准备的清算账户,以"价值单位"形式存在且没有投资收益。在"支付系统效应"的作用下,银行将不断调整这两个资产账户的资金配置,以达到效用最大化的资产组合。

二、清算资金成本约束机制

银行若将全部资金放在"共同基金"账户,可以得到最大预期收益,但同时要承担向中央银行贴现"价值单位",完成支付需求的成本。如果将全部资产以"计价单位"形式保存在清算账户上,则"价值单位"贴现成本为零,但没有任何投资资产收益。效用最大化约束必然使银行遵循资产收益最大、贴现成本最小的资产选择行为规律,如图 8-6 所示。

在图 8-6 中,第二象限的横轴代表商业银行资产组合中清算账户价值 u 占总资产价值(清算账户价值和基金账户价值 P 的总和,即 $U+P$)的比例,以 $U/(U+P)$ 表示。当全部资产为"计价单位","基金份额"为零时,$U/(U+P)=1$。轨迹 $LN(LN^1, LN^2, \cdots)$ 代表资产组合的收益与"清算资金"所占资产比例的关系。当"基金份额"占总资产的比例上升时,

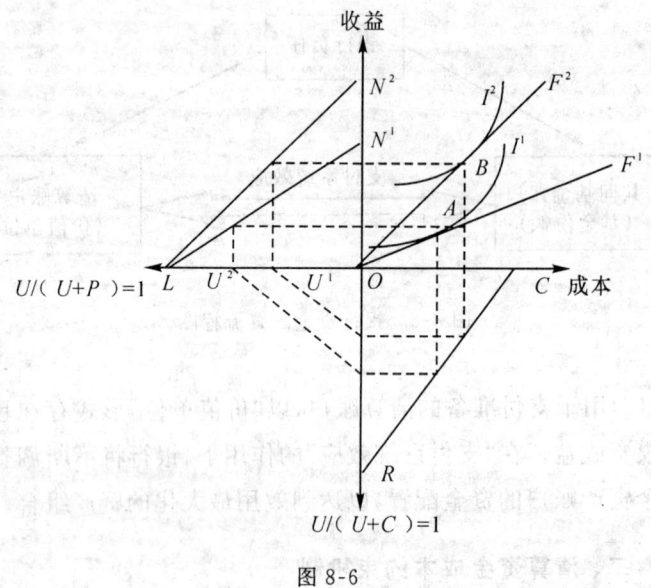

图 8-6

资产组合的收益增加。图 8-6 中,第四象限的纵轴代表资产组合中清算资金占总资产的比例。轨迹 RC 代表资产组合的成本与清算资金所占比例的关系,即当"基金份额"比例上升时,资产组合的成本增加。第一象限表示在既定的银行资产结构条件下,银行如何根据资产收益率变动进行资产选择的行为。银行收益/成本的关系式为

$$E = N(r + q) \tag{8.2.1}$$

$$C = N \cdot D \tag{8.2.2}$$

$$E = (r+q/D)C \tag{8.2.3}$$

式中:

E——资产总收益;

C——总成本;

N——基金资产数量;

r——基金资产收益率($fr+\beta$);①

q——预期资本利得或损失;

D——每一价值单位承担的贴现率。

等式(8.2.1)表示预期收益等于预期收益率乘以基金资产持有额。等式(8.2.2)表示总成本等于基金持有额乘以贴现率(假设金融资产总价值恒等于经济系统中流通的实际财富)。将等式(8.2.1)除以等式(8.2.2),可得到等式(8.2.3)。等式(8.2.3)就是银行资产收益与成本的关系式,即第一象限机会曲线的轨迹。$(r+q)/D$ 是机会曲线的斜率。它说明:在 q 和 D 既定的条件下,银行基金账户的收益率 r 越高,机会曲线就越陡峭,银行就可沿着更陡峭的机会曲线作资产选择,即效用最大化的资产结构就是最陡峭机会曲线与最高的无差异曲线相交的切点。

三、支付系统效应

在银行的收益/成本选择行为过程中,存在一个"45°临界线约束"。当机会曲线的斜率为 1 时,机会曲线是一条 45°的斜线。它意味着"共同基金"资产收益率与清算资金贴现率正好相等,即收益与成本相等。如果机会曲线的斜率大于 1,机会曲线更陡峭,说明基金资产的收益率高于清算资金。这时银行资产会持有 100% 的基金账户资产和零清算账户资产。如果中央银行的清算资金贴现率高于银行基金资产收益率,机会曲线斜率就会小于 1,机会曲线比 45°线更平缓,这

---

① fr 为无风险利率,β 为无风险溢价。

时对银行资产选择行为构成约束,即在清算账户资金成本和基金账户资产收益之间作效用最大化选择。显然,中央银行通过对清算资金贴现率的操作,改变机会曲线斜率,引起商业银行收入成本比率发生变化,达到改变其资产结构的目的。这就是支付系统效应,如图8-7所示。

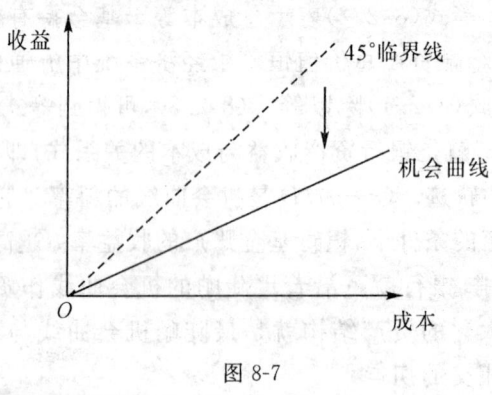

图 8-7

图 8-7 表明,当清算资金贴现率高于基金资产收益率时,机会曲线与横轴(成本)的夹角必然小于45°。机会曲线斜率必然小于1,这意味着商业银行要用大于一个单位的成本才能换取一个单位的收益。

45°临界线的存在,构筑起"支付系统效应"的基础。清算资金贴现率与"共同基金"资产收益率之差决定了商业银行收益/成本比率,从而决定了商业银行资产结构。如果中央银行能够较准确地预计某个时间段(每天、每周或每月)商业银行清算资金流量,就能有效地通过贴现率操作,改变机会曲线斜率,引起银行资产结构变化。

美联储目前对商业银行"清算资金最低限额"(Required

Clearing Balances)的操作,就是一种雏形阶段的清算系统控制模式实践。仅 1991～1993 年间,各商业银行在美联储账户上的法定存款准备金减少了 60 亿美元,而与此同时,清算资金(备付金)却增加了近 3 倍①。可见,清算资金在中央银行账户上的地位越来越重要了。

随着货币"无纸化"进程的深入,"支付系统效应"将取代正在失去效力的传统货币政策工具,构成后货币时代的有效货币政策模式。

第三节 "支付系统效应"评析

"支付系统效应"控制模式的意义在于:(1)该模式改变了通过直接控制名义货币数量方式,而采取收益成本控制机制传导货币政策,达到政策目标。这种利用市场机制的调控行为避免了"法律限制"造成的恶果。(2)该模式建立在"市场机制不存在本质缺陷"的前提下,即承认市场有效性。这个前提顺应了后货币经济发展的趋势。因此更贴近现实。(3)伴随着经济系统向更高层次的发展,金融中介自由竞争特征增强。它推动着金融制度从机构管理模式向功能管理模式的转换。

支付系统控制模式放弃了传统规制的思维方式,利用市场机制作用于金融中介行为。因此,支付系统控制模式顺应了现代货币体系的发展趋势。

---

① Stevens, E. J. (1993), *Required Clearing Balances*, Federal Bank of Cleverland: *Economic Review*, Quarter 4, pp 2-14.

第九章
对中国现行货币系统的实证分析

2003年下半年,面对中国可能出现的新一轮通胀苗头,中国人民银行于2003年9月21日和2004年4月25日两次对法定存款准备金比率作出了调整,从原有的6%提高到现在的7.5%,并预期商业银行的货币创造能力将会因此出现实质性紧缩,货币供给量增长率减缓,遏制住新一轮通胀苗头。在不到一年的时间里连续两次使用这个货币数量调控工具,着实是人民银行在此番宏观调控中所实施的最明确、力度最大的货币政策。

对法定存款准备金率的操作曾经是20世纪70~80年代各国中央银行推行货币政策的重要工具之一。然而,自20世纪90年代起,随着计算机技术支持的支付方式变迁,传统货币系统中的一系列本质性特征发生了深刻变化,例如对货币乘数有重要影响的通货比率(流通中的现金/存款总额)急剧萎缩、各类金融创新使金融机构有效规避中央银行的强制性政策成为可能,致使中央银行货币数量调控工具效率几乎丧失殆尽。20世纪80年代以后,西方宏观经济理论对调整货币供给量的作用已取得了一致的认识,即在有效市场的前提下,货币当局对货币数量的调控越来越困难。西方主要发达国家近10年的实践显示,各国中央银行已不得不几乎放弃了法定存款准备金率这个操作工具①。

按照货币乘数理论:$M=KB \cdot B$,即货币供给量(M)等于货币乘数(KB)与基础货币(B)的乘积。显然,中央银行有效控制货币数量的前提条件是有一个可控的基础货币和一个可靠的货币乘数。那么,在中国的现行货币系统中,这个货币数量政策工具的前提是否仍然存在呢?

我们从检验中国人民银行此次宏观调控的有效性入手,对构成货币数量工具的主要因素进行层层剥离式实证。我们对基础货币、法定存款准备金、超额存款准备金、货币乘数分别进行统计分析,得到了颇有启发的实证结论。

第一节 货币数量调节工具效果

我们对 2001 年 1 月～2004 年 8 月期间②,货币供给量(M_2)和居民消费指数(CPI)的有关数据进行统计分析后发现:M_2 同比增长率在 2003 年 8 月达到最大值,同年 9 月开始回落,2004 年 2 月又有所上升,徘徊了两个月后,于同年 4 月份又快速回落。这一期间正是中国人民银行两次动用法定存款准备金率工具的时期。2003 年 9 月 21 日,人民银行第一次调整超额存款准备金率后,M_2 的增长率出现了大幅

---

① 江晴、陈净直:《电子支付系统对货币乘数范式的冲击》,载《世界经济》2001 年第 10 期。

② 这是通胀开始形成、法定存款准备金率调整、宏观调控显效的一个完整经济周期。

度下降。2003年末下降趋势减缓。2004年4月25日再度调整法定存款准备金率,M_2增长率再度出现更大幅度的下降趋势(见图9-1)。

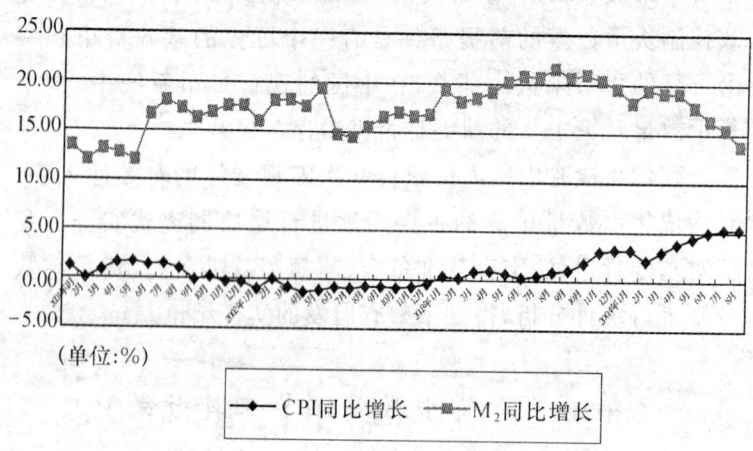

数据来源:中国国家统计局/
　　　　　统计数据/
　　　　　进度数据
　　　　　(http://www.stats.gov.cn/tjsj/)
图9-1　CPI和M_2的月同比增长率走势图

在上述研究的基础上,我们又对各月份CPI同比增长和前期各个月份的M_2同比增长作了相关性测试,发现M_2和CPI的同比增长率之间存在着显著的线性关系,且为正相关。其中CPI与前10个月的M_2相关系数最大,其值为0.71(见图9-2)。

第九章 对中国现行货币系统的实证分析

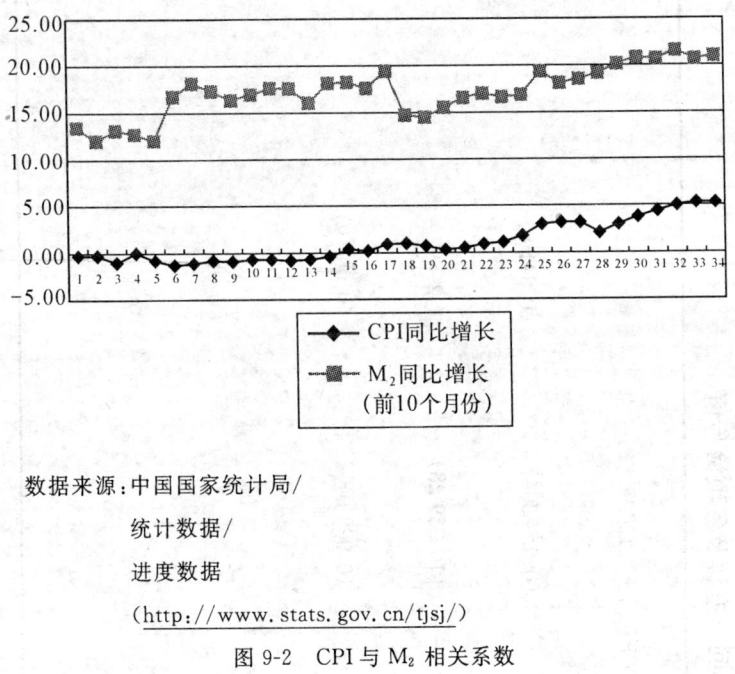

数据来源：中国国家统计局/
统计数据/
进度数据
(http://www.stats.gov.cn/tjsj/)

图 9-2 CPI 与 M_2 相关系数

于是我们对当月 CPI 同比增长率、前 1 个月 CPI 同比增长率、前 10 个月 M_2 同比增长率，这三组数据作线性回归，得出回归方程及各项检验值（见表 9-1）①。

我们对残差序列进行自回归条件异方差（ARCH）效应检验结果（见表 9-2）。②

---

① 这里 CPI_n、CPI_{n-1} 和 M_{2n-10} 均表示同比增长率。
② OBS R-NSQUARED 的相伴概率为 0.986，因此不能拒绝不存在条件异方差性的假设。所以不用建立 ARCH 模型来进行解释。

表 9-1　回归方程及各项检验值

$$CPI_n = -1.870\,110 + 0.931\,729 CPI_{n-1} + 0.120\,905 M2_{n-10}$$

Std. Error = (0.692 873)　　(0.057 304)　　(0.041 8)

t 值 = (−2.699 067)　　(16.259 28)　　(2.892 438)

p 值 = (0.011 2)　　(0.000 0)　　(0.006 9)

R-squared = 0.947 141

Adjusted R-squared = 0.943 731

F-statistic = 277.732 3

表 9-2　　　　　　　残差序列检验结果

ARCH Test:			
F-statistic	0.000 290	Probability	0.986 519
Obs*R-squared	0.000 309	Probability	0.985 978

对模型的序列相关性、异方差性和残差序列的白噪声检验结果显示,该回归模型有很好的拟合优度,各自变量均统计显著,不存在序列相关性和异方差性。残差序列的样本自相关系数全部落入随机区间,自相关系数的绝对值几乎都小于 0.1。该模型统计结果可靠。由此,我们认为人民银行此次对法定存款准备金比率的操作控制住了货币供给量,货币供给量中间目标仍然有效,时滞为 10 个月。

第二节　基础货币操作空间

构成货币数量政策工具的两个基本因子是基础货币和货币乘数。这两个因子分别对货币供给量影响程度的统计分析结果显示:2003 年初,货币乘数增幅出现快速上涨,推动 M_2 增长率在 2003 年 8 月达到了最高点。2003 年 9 月人民银行第一次提高法定存款准备金率后,货币乘数增幅迅速下降,之后就在低于 5% 以下的增长率区间徘徊。2004 年 6 月甚至出现了负增长,这期间 M_2 的增长率也随之逐渐下降。但同期基础货币的增长率与 M_2 之间没有显示出明显的相关性。显然,基础货币增长率对 M_2 增长率的影响比货币乘数增长率对之的影响要小得多(见图 9-3)。

进一步分析,我们从人民银行资产负债表中四个对基础货币有较大影响的因素均值比重可以看到:基础货币受外汇占款、政府存款和对金融机构及非金融机构债权三个因素共

解读后货币经济

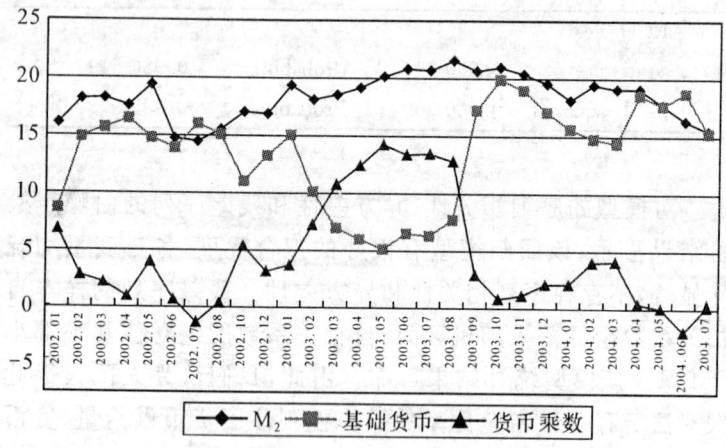

数据来源:《中国人民银行统计季报》2002~2004年各期。

图 9-3　货币供给量、基础货币、货币乘数增长百分比统计

同的影响过大,而中央银行公开市场操作业务量(发行债券变动)远不够抵减前三个因素的影响(见表 9-3)。

表 9-3　对基础货币有较大影响因素的均值比重

影响因素	比重
国外净资产影响	28.96%
政府净资产影响	18.40%
对金融及非金融机构债权	11.42%
发行债券变动	18.06%

计算所用原始数据样本来源:《中国人民银行统计季报》2002~2004年各期。

在表 9-3 中,前三个因素是中央银行无法直接控制的。这就意味着中央银行在对基础货币投放量控制的主动性上

受到了很大抑制。由此我们认为在中国现行货币系统中,基础货币的可控程度已不容乐观。

第三节 超额准备金比率的地位

上述分析显示,货币乘数对货币数量变化有更明显的作用。那么影响货币乘数的关键因素是什么呢? 从货币乘数的定义我们知道:

货币乘数=(通货比率+活期存款比率+定期存款比率+储蓄存款比率+其他存款比率)/(通货比率+法定存款准备金比率+超额存款准备金比率)

且

$$通货比率=\frac{流通中的现金}{存款总额}$$

$$定期存款比率=\frac{定期存款}{存款总额}$$

$$储蓄存款比率=\frac{储蓄存款}{存款总额}$$

$$其他存款比率=\frac{其他存款}{存款总额}$$

$$法定存款准备金比率=\frac{法定存款准备金}{存款总额}$$

$$活期存款比率=\frac{活期存款}{存款总额}$$

$$超额存款准备金比率=\frac{超额存款准备金}{存款总额}$$

据此,我们计算了货币乘数诸因素之间的相关系数。从相关系数表中我们看到超额存款准备金比率与货币乘数之间的相关性最大且为负相关,为-0.97。同时,通货比率与货币乘数之间的相关程度也较高,为-0.93(见表9-4)。

表9-4 货币乘数诸因数相关系数计算表

	通货比率	活期存款比率	定期存款比率	储蓄存款比率	其他存款比率	法定存款准备金比率	超额存款准备金比率	货币乘数
通货比率	1.00							
活期存款比率	-0.25	1.00						
定期存款比率	-0.63	0.56	1.00					
储蓄存款比率	0.70	-0.52	-0.55	1.00				
其他存款比率	-0.42	-0.22	-0.11	-0.66	1.00			
法定存款准备金比率	-0.61	0.34	0.80	-0.38	-0.10	1.00		
超额存款准备金比率	0.88	-0.27	-0.78	0.53	-0.14	-0.68	1.00	
货币乘数	-0.93	0.24	0.68	-0.58	0.26	0.55	-0.97	1.00

计算所用原始数据样本来源:《中国人民银行统计季报》(2000.1~2003.3)。

第九章 对中国现行货币系统的实证分析

进一步作超额存款准备金比率和通货比率对货币乘数的影响程度比较分析,我们看到,货币乘数与超额存款准备金比率呈强负相关性,而通货比率只呈现出稳定的下降趋势,特别是在剔除季节因素后更直观(见图9-4)。

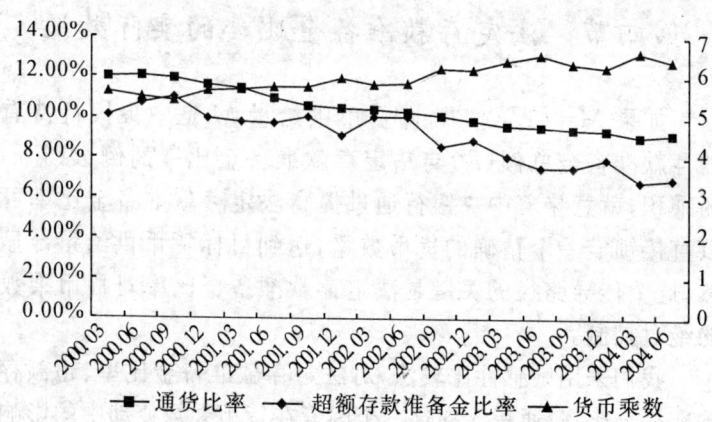

计算所用原始数据样本来源:《中国人民银行统计季报》2000～2004年各期。

图9-4 剔除季节因素后的通货比率,超额存款准备金比率与货币乘数变化趋势图

我们又将2001年第一季度至2004年第二季度的货币乘数增长率对通货比率和超额存款准备金比率进行相关系数检验,得到相关系数如表9-5所示。

表9-5 货币乘数增长率对通货比率、超额存款准备金比率的相关系数检验

	通货比率	超额准备金比率	货币乘数
通货比率	1.00		
超额存款准备金比率	0.02	1.00	
货币乘数	−0.48	−0.74	1.00

计算所用原始数据样本来源:《中国人民银行统计季报》2000～2004年各期。

分析显示,无论从绝对数来看还是从相对数来看,超额存款准备金比率与货币乘数之间的相关程度都是最高的。显然,超额存款准备金比率的变动对货币乘数变动的影响至关重要。

第四节 法定存款准备金比率的实际效果

如果 $M=(1/r)*R$,即货币供给量 M 是中央银行持有的存款准备金总额(R)与法定存款准备金比率的倒数($1/r$)的乘积,就意味着中央银行通过提高法定存款准备金比率可以直接锁定一个精确的货币数量,达到目标货币供给量。显然,这个传导路径的关键是法定存款准备金比率对货币乘数的绝对控制。

我们采用敏感性比较法,对法定存款准备金比率、超额存款准备金比率、通货比率这三个因素在货币乘数变动中的影响进行了分析,发现在这三个因素中超额存款准备金比率对货币乘数的影响最大,其均值为 0.863 2∶1(见本书附录)。

人民银行 2003 年 12 月 21 日宣布将各存款金融机构的超额存款准备金利率从 1.89 调低至 1.62。这次超额存款准备金利率调整产生的实际效应很明显,即以价格机制促使各存款金融机构减少对超额存款准备金的持有量。人民银行这次对超额存款准备金利率的调整为我们检验超额存款准备金变动与货币乘数之间的强相关性提供了一个绝妙的机会(见图9-5)。

从图 9-5 中我们清楚地看到:(1)2002 年第四季度超额存款准备金比率出现较大幅度的负增长,导致货币乘数出现较大幅度的上升。人民银行于 2003 年 6 月宣布本年度第三季度调高法定存款准备金比率。金融机构超额存款准备金比率的增长率开始回升,货币乘数增长速度回落。(2)2003

第九章 对中国现行货币系统的实证分析

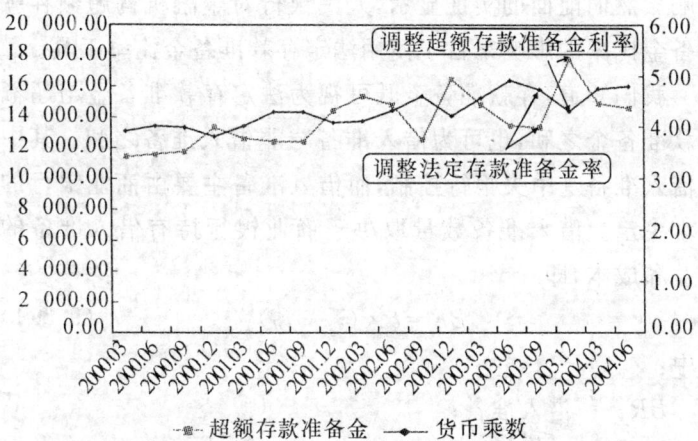

计算所用原始数据样本来源:《中国人民银行统计季报》2000~2004 年各期。

图 9-5 法定与超额存款准备金比率对货币乘数影响比较

年 12 月 21 日,人民银行宣布调低超额存款准备金利率,即从 1.89 调低至 1.62。超额存款准备金比率迅速回落,货币乘数立刻出现攀升。(3)2004 年 4 月人民银行不得不再次提高法定存款准备金比率,超额存款准备金比率回升,货币乘数在 2004 年第二季度出现了负增长。

由此,我们认为人民银行在对基础货币控制能力受限的情况下,操作法定存款准备金比率,事实上是通过影响超额存款准备金增长率的变动来达到影响货币乘数效果的。

第五节 超额存款准备金难题

通常情况下,中央银行通过公开市场业务影响基础利率，进而影响金融机构行为，实现对超额存款准备金比率的影响。然而前面的实证显示，人民银行对金融机构超额存款准备金比率的影响来自于使用法定存款准备金比率工具。

我们知道，存款准备金既可视为法定存款准备金与超额存款准备金之和，也可为借入准备与非借入准备之和。其中非借入准备受中央银行控制，而借入准备主要由商业银行的行为决定。借入准备数量取决于商业银行持有借入准备的收益和成本，即

$$BR = b \times (i_f - i_d) \tag{9.5.1}$$

式中：

BR——借入准备；

i_f——同业拆借利率；

i_d——再贷款利率。

上述公式表明借入准备应和同业拆借利率与再贷款利率之差成正比关系，即再贷款利率与同业拆借利率之间的差额决定了商业银行的借入准备规模。当同业拆借利率大于再贷款利率时，商业银行会选择增加借入准备。当同业拆借利率低于再贷款利率时，商业银行会通过同业拆借市场上获取资金归还中央银行贷款，即减少借入准备。

但是我国的同业拆借利率一直在再贷款利率之下，而我们看到的事实是中央银行对金融机构及其他非金融机构的债权余额并未出现下降趋势。因此，在中国现行的货币系统中，同业拆借利率没有完全真实反映金融机构的资金需求。

通过 Granger 检验我们还发现，我国的同业拆借利率和超额准备金之间几乎没有因果关系（Granger 检验结果为 0.09）。这也说明我国的"基准利率"没有真正起到调控借入准备规模的作用。

第九章　对中国现行货币系统的实证分析

在我国金融改革初期,再贷款和再贴现是中央银行投放货币的主要渠道。历史的沿革使我国货币体系中借入准备在准备金总额中的比例偏大。在美国,借入准备占准备金总额的比例不会超过1%,通常在0.5%左右。而中国在2002年初这一比例还高达90%,2002年以后这一比例逐步降低。2004年曾降到61%,同年7月又上升到了65.9%。同业拆借利率一直低于再贷款利率,而借入准备的规模却一直很高。即中央银行的债权资产受利率影响不大。因此,中央银行通过公开市场业务达到影响金融机构持有超额存款准备金行为的效率就不可能明显。

我国借入准备规模过大,债券回购市场和同业拆借市场规模较小。这意味着能够受中央银行控制的非借入准备有限,而借入准备又几乎不受市场影响。因此,中央银行很难有效控制商业银行的超额存款准备,也就很难有效控制货币乘数。货币乘数的可靠性难以保证。

第六节　实证结果的解释及结论

根据上面的分析我们得出如下解释及结论:

一、货币供给量中介目标仍然有效

在我国现行货币系统中,货币供给量的变动与通货膨胀率之间具有较强因果关系,货币供给量中介目标仍然有效。这主要是因为我国电子支付量,特别是居民日常生活电子支付量相对于西方发达国家还较低。较高的现金持有量使通货仍然是基础货币的重要组成部分,同时也使通货比率在货币乘数中仍然占有重要的一席之地(实证结果证实了这一点)。但是,电子支付方式正在迅速地从极大程度上取代现金支付方式。这是已经得到共识的必然趋势。一旦流通中的现金发生实质性萎缩,人民银行操作基础货币的空间将受到更强大的挤压(失去真正意义上的货币发行垄断权)。货币供给量中介目标连同货币数量调控工具的有效性也将随之丧失。西方国家正在经历的变革就是例证。

二、政府效果时滞较长

货币供给量(M_2)与物价指数(CPI)的相关性分析结果表明,此次宏观政策调控效果的时滞为 10 个月。如果假设货币政策的外部时滞就是 10 个月,再加上人民银行进行决策的内部时滞,那么我国的货币政策时滞大致为一年。如此长的时滞,货币数量政策工具的实际效率值得关注。

三、基础货币对货币供给量影响趋弱

通过对货币乘数和基础货币与货币供给量的相关性分析发现,货币乘数对货币供给量的影响已经远远大于基础货币的影响。这是由于基础货币受外汇占款、政府存款以及对金融机构及非金融机构债权三个因素的影响较大,冲减了人民银行通过公开市场操作控制基础货币投放量的效果。而前三个因素又是人民银行较难直接控制的。因此我们认为人民银行货币数量调控政策的空间受到挤压。正是因为这个"基础货币问题",人民银行对于法定存款准备金的操作更多地是通过影响超额存款准备金比率达到控制货币扩张目的的。

四、市场利率影响有待加强

由于货币市场利率并没有真正影响到商业银行持有超

额存款准备金的行为,因此人民银行仅通过数量政策工具调控超额存款准备金比率的主动性有限。可喜的是人民银行放开商业银行基金市场准入权,再次调整超额存款准备金利率(2005年3月17日从1.62降至0.99)等政策的出台,显示出货币政策工具的选择正在"从侧重数量调节逐渐转向侧重价格调节"的信号。

综上所述,我们认为,通过操作法定存款准备金调控货币供给量的基础是有一个可控的基础货币和一个可靠的货币乘数。而在中国现行的货币体系中,这两个条件都已经不再充分,而且会越来越弱化。因此,如何建立起合理的利率结构,加强价格调控力度,使人民银行能够通过调控基准利率达到调控商业银行的货币扩张行为,是保证我国货币政策在市场经济条件下的真正高效率所不可回避的重要课题。

下编小结

后货币经济中货币的无纸化,正在改变着传统货币系统的本质特征。随着货币系统向自由竞争机制的回归,货币正在失去在经济系统中的特殊地位。随着商业银行向一般企业的回归,中央银行正在失去昔日手中的"法宝"。这一切都从根本上改写着货币经济理论。

本编通过第七章、第八章以及第九章,从新货币经济学的视角,对后货币经济中的货币特征进行了考证,对在后货币经济中具有举足轻重作用的支付系统进行了剖析,并对中国现行货币政策效果进行了实证。

中国正在大步迈进现代经济。新货币经济学视野里的后货币经济特征在中国已初显端倪。因此,关注货币系统的新变化,思考后货币经济的新问题,拓展货币政策的新思路,顺应货币经济的发展潮流,已经成为摆在我们面前的一个重要课题。

综　述

20世纪末的这场支付系统革命,是一次不仅仅波及西方经济发达国家,而且还包括东方发展中国家在内的一次世界性革命。它以引发货币形态变革为开端,直逼延绵了几个世纪的传统货币定式,致使传统货币理论以及货币政策所构筑的理论基础摇摇欲坠。这场支付系统革命,就其广度、深度和对货币历史进程的影响而言都是划时代的。因此,人们将这场支付系统革命定义为后货币经济的开端。与传统货币经济相去甚远的种种后货币经济现象向传统货币经济理论提出了挑战。挑战从三个方面展开:

一、反思关于货币的思维定式

新货币经济学曾经批评传统货币理论是"在没有把'货币'本身研究清楚之前(例如,什么叫货币?货币为什么会存在?货币与非货币的本质区别是什么?货币的效用从何而来?),只是想当然地给'货币'赋予某种性质,并在此基础上讨论'货币量'变动对经济系统的影响。"华勒士提出:"货币不应该成为货币经济学研究的基本元素,其道理与企业不应该成为制度组织理论的基本元素和债券不应该成为金融理论的基本元素相同。必须先后退一步,把货币概念所掩盖的那些社会经济关系揭示出来,然后再讨论货币。"这个著名的"华勒士格言"(Wallace's Dictum)对传统货币理论先验接受货币的存在,并在这个"各自眼中的'货币'并不是一回事"的基础上构筑其理论框架的思维定式提出了挑战。当人们面对现代支付技术使货币形态迅速"无纸化"的时候,这个看似平淡无奇的"华勒士格言"似乎显示出更加重大的意义。

(一)对货币形态思维定式的反思

主流传统货币理论关于货币形态以及由此规定的货币属性的思维定式可归纳为:典型的商品货币形态是金属币,信用货币形态是中央银行发行的纸币。因此货币形态表现为某种形式的实物载体(金属或纸张)。货币当局通过垄断货币实物载体的铸造和发行权,就能够很容易地控制货币在经济系统中的作用。基础货币(现金和银行系统的存款准备金)是这种货币形态的核心,即经济中的信用扩张和收缩都以基础货币数量为本源。

然而,电子支付技术普及的直接结果是使货币变成了一种电子符号。由于这种"电子符号"形态货币寄居于电子支付系统,因此它的"数量"扩张和收缩不再是中央银行靠垄断发行权所能控制的。事实上,由于货币系统中基础货币概念的模糊,中央银行连计量货币"数量"的工具都几乎丧失了。商业银行通过自己的电子账户,在资本市场投资过程中的信用扩张行为,变成中央银行不能控制的行为。中央银行丧失了货币发行垄断权。由此,"货币是什么"不再是传统货币理论关于货币形态思维定式所能答复的问题。特别是当人们反思固化于传统货币形态之中的货币定义、职能、属性,以及由此形成的其在经济系统中的特殊地位时,会深切地感到"电子信号"货币形态的诞生,意味着一个全新"货币"概念的诞生。因此冲破传统货币理论关于货币的思维定式,重新考察"货币是什么"的问题是后货币经济向今天的货币实务工作者和理论界提出的一个首当其冲的重大课题。

（二）对传统货币理论特殊地位的反思

传统的货币制度将统一的经济体分割成两个独立的侧面:实物面和货币面。经济学也因此被分为两个不同的理论体系:价格理论和货币理论。一般经济理论不能解释货币现象,货币理论也不能成为一般经济理论的组成部分。"瓦尔拉-希克斯-帕廷金"传统是人们为求解"两分法"问题而奋斗了几个世纪的见证。尽管人们对货币理论的微观基础以及"希克斯共存问题"不断提出质疑,然而终不得其解。

新货币经济学认为,现有的货币、金融体系并非自然演进的结果,而是靠法律限制(或政府管制)支撑的。在自由竞争的市场环境中,不会存在集记账单位与交易媒介两大职能于一身的"货币"。"货币"现有的两大职能将由不同的东西分别承担,货币交换终将为"高级的物物交换"所取代。经济系统中将不再存在相对价格与绝对物价水平决定相互分离的问题,"哈恩难题"迎刃而解了,货币理论与一般经济理论也就真正合二为一了。

电子支付技术引发的如雨后春笋般的金融创新,冲击着传统货币制度构筑起来的桎梏。现实似乎正在印证"法律限制"的观点。目前各国中央银行几乎被迫放弃了法定存款准备金比率的规制。这意味着商业银行信用创造有了更大的自由度,货币数量政策目标赖以成立的乘数范式受到挑战。随着金融机构向一般企业属性的回归,货币系统将向收益成本约束方向演化。货币将随着逐渐失去在经济系统中的特殊地位,而成为如同债券、股票等一样的一般金融资产。传统货币制度构筑的种种不可逾越的障碍将随着货币特殊地位的丧失而消亡。

(三)对传统货币政策基础的反思

电子支付系统引起了传统货币形态的改变,进而导致银行系统资金账户管理模式的实质性变迁。商业银行通过电子资金账户在资本投资过程中的信用扩张或收缩行为回归为一种自由市场经营行为。

以货币数量目标为特征的传统货币政策基础是存在一个可控的基础货币。电子资金转移支付账户的"一账通",意味着货币层次划分变得模糊,基础货币界定变得困难。失去一个能够被准确定量的基础货币,货币乘数效应变得不再可靠。中央银行的货币数量控制目标也就不再是一个有效率的货币政策。由此可见,电子支付系统动摇了传统货币政策实施基础,也就动摇了传统货币政策有效性的整套机制。

显而易见,传统货币理论的思维定式受到后货币经济全方位的挑战。因此,在反思传统货币理论的基础上,建立新货币理论是历史发展的必然要求。

二、重塑货币系统管理模式

体制的设置和功能的伸缩密切相关。正是这种高相关性的存在,产生了两种截然不同的管理模式:一种是机构管理模式;另一种是功能管理模式。机构管理模式强调组织机构对组织功能的控制作用,以行政管理为特征。功能管理则强调组织机构功能的开发与提升,以市场激励机制为特征。传统的货币制度是一种机构管理模式。它通过建立一系列法制规则,将金融中介机构置于中央银行的严格控制之下,因此限制了金融中介机构功能的完全释放,形成了一种因功能扭曲而产生的特殊效应。例如,规定商业银行和非银行金融机构各自经营范围,导致货币在经济中的特殊地位,并因此扭曲了"一价定律"在货币系统的资源配置功能。再例如,规定法定存款准备金比率,通过"征收利息税"效应,阻碍银行达到效用最大化资产结构,降低了银行原本应有的金融中介功能。

当传统货币规制在支付技术进步带来的各种金融创新面前不攻自破时,传统货币体系的机构管理模式也就失去了曾经有过的功效。

功能管理放弃了从狭义的机构管理角度来制定规章制度,而注重从广义的功能提升角度,使监管更灵活、更协调、更有效率。功能管理思想在货币系统中的一个重要内涵是,在变化了的货币环境中,中央银行的有效货币政策必须建立在能够促进金融中介功能充分释放的市场激励机制基础上。这意味着各国货币当局必须放弃传统货币理论及政策框架,寻找适合货币经济发展的新的有效货币政策目标和支点。

这里有着传统货币经济与后货币经济的碰撞,有着传统货币理论思维定式与新货币经济学思想的碰撞。市场化程度更高的后货币经济特征是各国货币当局选择功能管理模式的现实基础。

三、值得重视的支付系统效应

"无纸化"货币是以电子转账支付系统为载体的。因此,各商业银行要在中央银行的清算账户上保存一定的"货币",以保证最低成本地履行各种支付需求。银行系统在中央银行的清算账户上持有多少"货币",取决于银行自身的资产结构目标。而银行资产选择行为受着成本收益的约束。因此若中央银行能够有效调整清算账户货币持有成本,就能有效改变商业银行的资产结构。商业银行资产结构的改变,意味着实际投入消费和生产领域资本量的增减。

清算资金贴现率与基金资产收益率之差决定了商业银行收益/成本比率,并因此决定了商业银行资产结构。中央银行通过对清算资金贴现率的操作,改变机会曲线斜率,引起商业银行收入/成本比率发生变化,达到改变其资产结构的目的。因此,清算资金成本约束机制的存在,构筑起中央银行支付系统控制模式的基础。如果中央银行能够较准确地预计某个时间段(每天、每周或每月)商业银行清算资金流量,就能有效地通过贴现率操作,改变机会曲线斜率,引起银行资产结构变化。中央银行通过对商业银行清算账户操作而形成的"支付系统效应"来达到预定经济目标的政策操作行为,就是货币政策中的支付系统控制模式。目前美联储对商业银行"清算资金最低限额"(Required Clearing Balances)的操作,就是一种雏形阶段的清算系统控制模式实践。经济系统向更高层次的发展,使金融中介自由竞争特征增强。支付系统控制模式放弃了传统规制的思维方式,顺应了经济发展的历史规律。

我们在反思传统货币理论,借鉴新货币经济学观点,观察现实货币系统变化的过程中感悟到,后货币经济对传统货币理论体系的这场全方位挑战,预示着一个更加科学和发达的全新货币经济时代的到来。

附 录

一、货币乘数对通货比率和超额存款准备金比率敏感性比较

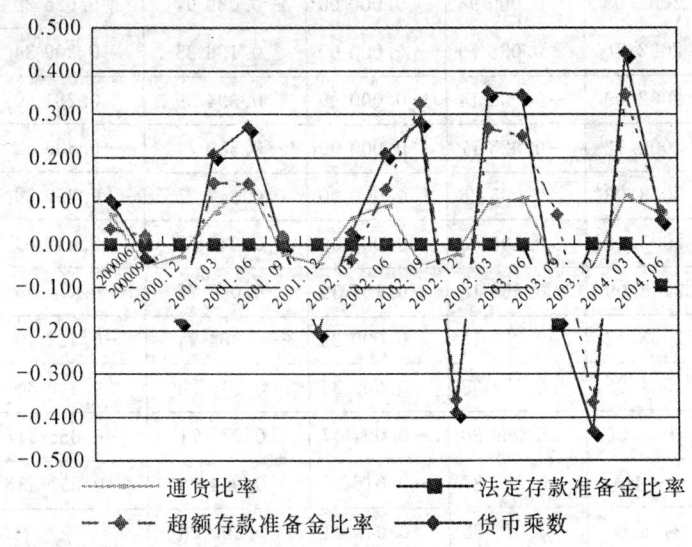

计算所用原始数据样本来源:《中国人民银行统计季报》2001年1月至2004年3月各期。

二、三比率对货币乘数变动影响的绝对数统计

	通货比率	法定存款准备金比率	超额准备金比率	货币乘数
2000.06	0.068 72	0.000 00	0.035 69	0.103 01
2000.09	−0.051 23	0.000 00	0.019 91	−0.030 72
2000.12	−0.028 79	0.000 00	−0.145 64	−0.177 07
2001.03	0.071 46	0.000 00	0.141 73	0.207 51
2001.06	0.139 25	0.000 00	0.140 61	0.269 74
2001.08	−0.023 69	0.000 00	0.019 02	−0.004 43
2001.12	−0.046 47	0.000 00	−0.152 28	−0.202 87
2002.03	0.060 98	0.000 00	−0.036 01	0.026 20
2002.06	0.088 79	0.000 00	0.126 35	0.209 34
2002.09	−0.050 14	0.000 00	0.324 29	0.281 90
2002.12	−0.025 17	0.000 00	−0.359 24	−0.389 62
2003.03	0.095 26	0.000 00	0.267 27	0.350 38
2003.06	0.106 85	0.000 00	0.249 72	0.344 80
2003.09	−0.058 18	−0.187 39	0.067 72	−0.175 68
2003.12	−0.056 15	0.000 22	−0.364 94	−0.432 40
2004.03	0.112 93	0.000 34	0.345 28	0.440 84
2004.06	0.069 30	−0.094 47	0.076 71	0.055 04
平均值	0.027 87	−0.016 55	0.044 48	0.051 53
标准差	0.071 38	0.049 61	0.209 28	

计算所用原始数据样本来源:《中国人民银行统计季报》2000年6月至2004年6月各期。

主要参考文献

[1] Bernanke, Ben S. and Mishkin, Frederic S. (1997), "Inflation Targeting: A New Framework for Monetary Policy?", *Journal of Economic Perspectives*, Vol. 11, No. 2, Spring, pp 97-116.

[2] Bilgram, Hugo (1894), "A Study of the Money Question", New York: Humboldt.

[3] Bisignano, Joseph (1996), "Varieties of Monetary Policy Operating Procedures: Balancing Monetary Objectives with Market Efficiency", *BIS Working Papers*, July.

[4] Black, Fischer (1970), "Banking and Interest Rates in a World Without Money: The Effects of Uncontrolled Banking", *Journal of Bank Research*, Autumn, pp 9-20.

[5] Brunner, Karl and Meltzer, Allan H. (1964), "Studies on Money and Monetary Policy", *Journal of Finance*, May, pp 240-283.

[6] Brunner, Karl (1961), "A Schema for the Supply Theory of Money", *International Economic Review*,

January, pp 79-109.

[7] Bryant, John and Wallace, Neil (1984), "A Price Discrimination Analysis of Monetary Policy", *Review of Economic Studies*, LI, pp 279-288.

[8] Bryant, John and Wallace, Neil (1980), "A Suggestion for Further Simplifying the Theory of Money", *Staff Report of Federal Reserve Bank of Minneapolis*, August.

[9] Calomiris, Charles and Cone, Kenneth (1984), "A Note on Competitive Payment Systems", *Manuscript Evanston*, Ill, Northwestern University Press.

[10] Cargill, Thomas F. (1983), "Money, The Financial System, and Monetary Policy", Second Edition, Englewood Cliffs, N. J. : Prentice-Hall Inc.

[11] Cowen, Tyler and Kroszner, Randall (1990), "Mutual Fund Banking: A Market Approach", *Cato Journal*, Vol. 10, No. 1, Spring/Summer, pp 223-237.

[12] Cowen, Tyler and Kroszner, Randall (1987), "The Development of the New Monetary Economics", *Journal of Political Economy*, pp 567-591.

[13] Fama, Eugene (1983), "Financial Intermediation and Price Level Control", *Journal of Monetary Economics*, 12, pp 7-28.

[14] Fama, Eugene (1980), "Banking in the Theory of Finance", *Journal of Monetary Economics*, 6, pp 39-57.

[15] Friedman, Benjamin M. (1975), "Targets, Instruments, and Indicators of Monetary Policy", *Journal of Monetary Economics*, 1, pp 443-473.

[16] Friedman, Milton and Schwartz, Anna J. (1969), "The Definition of Money", *Journal of Money, Credit and Banking*, 1, pp 1-14.

[17] Fuhrer, Jeffrey C. and Moore, George, R. (1995), "Forward-Looking Behavior and the Stability of a Conventional Monetary Policy Rule", *Journal of Money, Credit and Banking*, 27, pp 1060-1070.

[18] Garfinkel, Michelle R. and Thornton, Daniel L. (1991), "The Multiplier Approach to the Money Supply Process: A Precautionary Note", Federal Reserve Bank of St. Louis: Review, July/August.

[19] Gherity, James A. (1993), "Interest-bearing Currency: Evidence from the Civil War Experience", *Journal of Money, Credit and Banking*, 15, pp 125-130.

[20] Greenfield, Robert L. and Yeager, Leland B. (1983), "A Laissez-Fair Approach to Monetary Stability", *Journal Of Money, Credit and Banking*, 15, pp 302-315.

[21] Hall, Robert E. (1982), "Monetary Trends in the United States and the United Kingdom: A Review from the Perspective of New Developments in Monetary Economics", *Journal of Economic Literature*, pp 1552-1556.

[22] Hayek, F. A. (1992), "Good Money, Part II, The Standard", The Collected Works of F. A. Hayek, The University of Chicago Press.

[23] Hicks, John Richard (1935), "A Suggestion for Simplifying the Theory of Money", Hicks, John Collected Essays on Economic Theory, (1982), Basil Blackwell Publisher Limited, Vol. 2, pp 46-63.

[24] Hoover, K. D. (1988), "Money, Prices and Finance in the New Monetary Economics", Oxford *Economic Papers*, 40, pp 150-167.

[25] Johnson, Harry G. (1986), "Problems of Efficiency in Monetary Management", *Journal of Political Economy*, 76, pp 971-990.

[26] Kasman, Bruce (1992), "A Comparison of Monetary Policy Operating Procedures in Six Industrial Countries", Federal Reserve Bank of New York: *Quarterly Review*, Vol. 17.

[27] Klein, Benjamin (1970), "The Competitive Supply of Money", *American Association Conference of University Professors*, at Lake Arrowhead California, September.

[28] Leijonhufvud, Axel (1981), "Say's Principle, What It Means and Doesn't Mean", *Information and Coordination Essays in Macroeconomic Theory*, Chapter Five, New York: Oxford University Press.

[29] McCallum, Bennett T. (1983), "The Role of Overlapping Generations Models in Monetary Economics", Carnegie-

Rochester Conf. Ser: *Public Policy*, 18, pp 9-44.

[30] Modigliani, Franco and Miller, Merton (1958), "The Cost of Capital, Corporation Finance and the Theory of Investment", *American Economic Review*, June, pp 261-297.

[31] Patinkin, Don, (1965), "Money, Interest, and Prices -An Integration of *Monetary and Value* Theory", Second Edition, New York: Harper & Row, Publishers.

[32] Porter, Tony (1989), "Regulation and Innovation", *Canadian Banker*, May-June, pp 28-29.

[33] Sargent, Thomas J. and Wallace, Neil (1982), "The Real-Bill Doctrine Versus the Quantity Theory: A Reconsideration", *Journal of Political Economics*, 90, December, pp 1212-1236.

[34] Schreft, Stacey L. and Smith, Bruce D. (2000), "The Evolution of Cash Transactions: Some Implications for Monetary Policy", *Journal of Monetary Economics*, 46, pp 97-120.

[35] Schreiner, John (1989), "Credit Unions Giving Banks Run for Money", The Financial Post, May 22.

[36] Schumperter, Joseph A. (1954), "A History of Economic Analysis", New York: Oxford University Press.

[37] Schwartz, Anna J. (1986), "Has Government any Role in Money?", *Journal of Monetary Economics*,

17, pp 37-62.

[38] Selgin, George A. and White, Lawrence H. (1994), "How Would the Invisible Hand Handle Money?", *Journal of Economic Literature*, pp 1718-1749.

[39] Sellon, G. and Weiner, S. (1996), "Monetary Policy Without Reserve Requirements: Analytical Issues", Federal Reserve Bank of Kansas City: *Economic Review*, Quarter 4, pp 6-24.

[40] Sellon, G. and Teigen, Ronald L. (1982), "The Choice of Short-run Targets for Monetary Policy", Federal Reserve Bank of Kansas City: *Economic Review*, March, pp 27-50.

[41] Smith, Bruce D. and Weber, Warren E. (1999), "Private Money Creation and the Suffolk Banking System", *Journal of Money, Credit, and Banking*, pp 624-659.

[42] Soddy, Frederick (1934), "The Role of Money: What It Should Be, Contrasted with What It Has Become", London: Routledge.

[43] Stein, Jerome L. (1976), "Inside the Monetarist Black Box", Monetarim Studies in Monetary Economics, North-Holland Publishing Company, pp 183-232.

[44] Stevens, E. J. (1993), "Required Clearing Balances", Federal Bank of Cleverland: *Economic Review*, Quarter 4, pp 2-14.

[45] Stiglitz, Joseph E. (1969), "A Re-Examination of the

Modigliani Miller Theorem", *American Economic Review*, 59, pp 784-793.

[46] Summers, Bruce J. (1994), "The Payment System Design, Management, and Supervision", International Monetary Fund.

[47] Sumner, Scott (1990), "The Forerunners of 'New Monetary Economics' Proposals to Stabilize the Unit of Account", *Journal of Money, Credit and Banking*, pp 109-118.

[48] Sumner, Scott (1995), "The Impact of Futures Price Targeting on the Precision and Credibility of Monetary Policy", *Journal of Money, Credit and Banking*, 27, pp 89-104.

[49] Sumner, Scott (1991), "The Development of Aggregate Economic Targeting", *Cato Journal*, Vol. 10, pp 747-759.

[50] Sumner, Scott (1989), "Using Futures Instrument Prices to Target Nominal Income", *Bulletin of Economic Research*, pp 157-162.

[51] The New Palgrave Dictionary of Money and Finance (1992), The Macmillan Press Limited, pp 28-31.

[52] Thomson, James B. (1999), "Panel: Thoughts on the Future of Payments and Central Banking", *Journal of Money, Credit, and Banking*, 31.

[53] Tobin, J. (1969), "A General Equilibrium Approach to Monetary Theory", *Journal of Money, Credit and Banking*, 1, pp 15-29.

[54] Tobin, J. and Brainard, C. (1963), "Financial Intermediaries and the Effectiveness of Monetary Control", *American Economic Review*, 54, pp 383-400.

[55] Tobin, J. (1963), "Commercial Banks as Creators of 'Money'", *Banking and Monetary Studies*, Richard D. Irwin, Inc.

[56] Wallace, Neil (1983), "A Legal Restrictions and Monetary Evolution", *Journal of Economic Behavior and Organization*, 6, p 13.

[57] Wallace, Neil (1983), "A Legal Restrictions Theory of the Demand for 'Money' and the Role of Monetary Policy", Federal Reserve Bank of Minneapolis: *Quarterly Review*, Winter, pp 1-7.

[58] Wallace, Neil (1978), "The Overlapping-Generations Model of Fiat Money", *Staff Report of Federal Reserve Bank of Minneapolis Conference on Models of Monetary Economies*, October.

[59] Wallace, Neil (1981), "A Modigliani-Miller Theorem for Open-Market Operations", *The American Economic Review*, June, pp 267-275.

[60] Walsh, Carl (1995), "Optimal Contracts for Central Bankers", *American Economic Review*, March, pp 150-167.

[61] Warneryd, Karl (1990), "Legal Restrictions and Monetary Evolution", *Journal of Economic Behavior and Organization*, 13, pp 117-124.

[62] Weiner, Stuart E. (1992), "The Changing Role of

Reserve Requirements in Monetary Policy", Federal Bank of Kansas: *Economic Review*, Quarter 4, pp 45-63.

[63] Westrup, Alfred B. (1895), "The New Philosophy of Money", Minneapolis: Leonard Publisher.

[64] White, Lawrence H. (1984), "Competitive Payments Systems and the Unit of Account", *The America Economic Review*, September, pp 699-712.

[65] White, Lawrence H. (1999), "Hayek's Monetary Theory and Policy: A Critical Reconstruction", *Journal of Money, Credit, and Banking*, 31, pp 109-118.

[66] White, Lawrence H. (1987), "Accounting for Non-Interest-Bearing Currency: A Critique of the Legal Restrictions Theory of Money", *Journal of Money, Credit, and Banking*, 19, pp 448-456.

[67] White Lawrence H. (1985), "On Transactions Costs in Cashless Payment Systems", Manuscript. New York: New York University Press.

[68] White, Lawrence H. (1984), "Free Banking in Britain: Theory, Experience, and Debate, 1800-1845", Cambridge: Cambridge University Press.

[69] Whittick, William A. (1896), "Value and an Invariable Unit of Value: An Important Discovery in Economics", Philadephia: Lippincott Press.

[70] Woodford, M. (1998), "Doing Without Money: Controlling Inflation in a Post-monetary World", *Review of Economic Dynamics*, 1, pp 173-219.

[71] Woodford, Michael (1994), "Nonstandard Indicators for Monetary Policy: Can Their Usefulness Be Judged from Forecasting Regressions?", *Monetary Policy*, Chicago: University of Chicago Press pp 95-116.

[72] Woolsey, W. William (1992), "The Search for Macroeconomic Stability: Comment on Sumner", *Cato Journl*, 12, pp 475-485.

[73] Yeager, Leland B. (1989), "A Competitive Payments System: Some Objections Considered", *Journal of Post Keynsian Economics*, Spring, pp 370-377.

[74] Yeager, Leland B. (1983), "Stable Money and Free-market Currencies", *Cato Journal*, 3, pp 305-326.

[75] (美)瓦什著,陈雨露主译:《货币理论与政策》,北京:中国人民大学出版社,2001年版。

[76] (美)米什金,李扬等译:《货币金融学》(第四版),北京:中国人民大学出版社,1998年版。

[77] (英)埃里克·罗尔:《经济思想史》,北京:商务印书馆,1981年版。

[78] 费雪:《货币的购买力》,商务印书馆,1934年版。

[79] 《新帕尔格雷夫经济学大辞典》第3卷,北京:经济科学出版社,1996年版。

[80] (法)西斯蒙第:《政治经济学新原理》,北京:商务印书馆,1964年版。

[81] (美)卡尔·夏皮罗,哈尔·瓦里安著,张帆译:《信息规则——网络经济的策略指导》,北京:中国人民大学出版社,2000年版。

[82] (美)米尔顿·弗里德曼、安娜 J 施瓦茨著,范国鹰等

译:《美国和英国的货币趋势》,北京:中国金融出版社,1982年版。

[83] (美)T·G·勒维斯著,卞正东译:《非摩擦经济——网络时代的经济模式》,南京:江苏人民出版社,1999年版。

[84] (美)S·卡尔斯·莫瑞斯,克利斯多弗 R. 托马斯:《管理经济学》,北京:机械工业出版社,2000年版。

[85] (美)劳埃斯·B. 托马斯著,马小萍等译:《货币、银行与金融市场》,北京:机械工业出版社,1999年版。

[86] 栾博等:《西方经济思想库》第1~4卷,北京:经济科学出版社,1996年版。

[87] 刘涤源、谭崇台:《当代西方经济学说》上、下卷,武汉:武汉大学出版社,1990年版。

[88] 杨玉生:《理性预期学派》,武汉:武汉大学出版社,1996年版。

[89] 汤在新、傅殷才、颜鹏飞:《近代西方经济学史》,上海:上海人民出版社,1990年版。

[90] 李崇怀等:《西方货币银行学》,北京:中国金融出版社,1992年版。

[91] 繁纲:《现代三大经济理论体系的比较与综合》,上海:上海三联书店,1990年版。

[92] 陈野华:《西方货币金融学说的新发展》,成都:西南财经大学出版社,2001年版。

[93] 萧松华:《当代货币理论与政策》,成都:西南财金大学出版社,2001年版。

[94] 胡雪峰:《弗里德曼评传》,山西:山西经济出版社,1998年版。

[95] 魏杰等:《现代金融制度通论》,北京:高等教育出版社,1996年版。

[96] 李文星等:《再造金融》,成都:成都科技大学出版社,1998年版。

[97] 黄诚、李纯安:《电子货币本质与网络经济条件下的金融制度创新》,北京:《新华文摘》,2000年第8期。

[98] 杨胜刚:《没有货币的金融学:新货币经济学介评》,武汉:《经济评论》,2001年第5期。

[99] 谢平:《新世纪中国货币政策的挑战》,北京:《金融研究》,2000年第1期。

[100] 陈学彬:《我国近期货币乘数变动态势及影响因素的实证分析》,北京:《金融研究》,1998年第1、2期。

[101] 《新帕尔格雷夫经济学大辞典》,北京:经济科学出版社,1996年版。

[102] 《中国人民银行统计季报》2002~2004年各期。

[103] 中国人民银行:《2003货币政策执行报告》。

[104] 中国人民银行:《2004货币政策执行报告》。

[105] 中国国家统计局/统计数据/进度数据(http://www.stats.gov.cn/tjsj/)。

后　记

以支付系统革命作为研究课题实出于一种使命感。当一张小小的卡片帮我完成了在枫叶之国那段生活的全部支付任务时,当维多利亚大学那座秀美的 McPherson 图书馆向我展开一卷卷西方学者对后货币经济研究的累累硕果时,我便产生了一种本能的冲动,那就是将现代货币经济的新现实,新问题,新理论带给国人是我责无旁贷的使命。

本书是在我的博士论文基础上修订而成的,其字里行间浸透着我的导师颜鹏飞教授的一片心血。在本课题研究的全过程中,恩师给予我的指导、帮助、鼓励,连同对具体资料收集、筛选和整理的一幕幕,都将化做一份永恒的记忆和感激。

在珞珈攻博的四年里,我有幸得到谭崇台教授广博而平易的教导和关爱,谭教授治学与做人的风范是我此生的楷模。

感谢严清华教授、曾国安教授在我开题写作时所给予的指导和教诲。他们的指导是我顺利完成这项研究的保证。感谢课题组成员对实证数据的收集和处理。他们的劳动为本书添上了精彩的一笔。感谢武汉大学金融研究中心为本书付梓给予的财力支持。感谢所有给过我力量、智慧、理解和支持的老师、同学、朋友和家人。

如果说20年前作为恢复高考后第一批跨进高等学府的莘莘学子中的一员,我开始了我们这茬人知识兴国的梦想与奋斗,那么20年后的今天,随着这项研究的结题,带给我的是一个更加任重而道远的起点。

当我以拳拳之心向读者呈上这卷书稿时,深感自己学识疏浅。本书难免有许多疏漏和错误,恳请批评指正。

江　晴
2005年8月于武昌珞珈山